Wencke Sorrentino | Hans Jürgen Linser | Liane Paradies

99 Tipps
Üben im Unterricht

Wencke Sorrentino	ist Lehrerin an einer Integrierten Gesamtschule und unterrichtet die Fächer Englisch, Mathematik und Musik.
Hans Jürgen Linser	ist Realschullehrer und arbeitet an der Universität Oldenburg in der studentischen Ausbildung sowie in der Lehrerfortbildung.
Liane Paradies	ist Gymnasiallehrerin für Mathematik und Geschichte. Sie arbeitet als freie Autorin, Trainerin und Moderatorin in der Lehreraus- und -fortbildung, ist an der Universität Oldenburg tätig und Autorin zahlreicher Veröffentlichungen zum Thema Unterrichtsmethoden.

Wencke Sorrentino | Hans Jürgen Linser | Liane Paradies

99 Tipps
Üben im Unterricht

Cornelsen
SCRIPTOR

www.cornelsen.de

Bibliografische Information: Die Deutsche Bibliothek verzeichnet diese Publikation in der Deutschen Nationalbibliografie; detaillierte bibliografische Daten sind im Internet über http://dnb.ddb.de abrufbar.

Dieses Werk berücksichtigt die Regeln der deutschen Rechtschreibung, die seit August 2006 gelten.

5. 4. 3. 2. 1. Die letzten Ziffern bezeichnen
13 12 11 10 09 Zahl und Jahr der Auflage.

Konzeption/Projektleitung: Dorothee Weylandt, Berlin
Redaktion: Birte Meyer, Berlin
Herstellung: Brigitte Bredow, Berlin
Die Reihenkonzeption wurde von Cornelia Colditz und Claudia Kahlenberg im Rahmen eines studentischen Wettbewerbs im Studiengang Verlagsherstellung an der HTWK Leipzig (www.verlagsherstellung.de) unter Leitung von Julia Walch, Bad Soden, entwickelt.
Satz/Layout: Julia Walch, Bad Soden
Illustrationen: Mone Schliephack, Niedernhausen-Oberjosbach
Umschlagentwurf: Magdalene Krumbeck, Wuppertal
Druck und Bindearbeiten: CPI – Clausen & Bosse, Leck
Printed in Germany
ISBN 978-3-589-22822-5

Gedruckt auf säurefreiem Papier,
umweltschonend hergestellt aus chlorfrei gebleichten Faserstoffen

Inhaltsverzeichnis

Rahmenbedingungen

Praktische Umsetzung

Übungsformen

Übungsförderliches Klima

Gedächtnistraining

Übungsinstrumente

Erschliessungstechniken

Strukturierungstechniken

Planungstechniken

Schülergerechte Übungsschule

Vorwort

„Mens sana in corpore sano!" – Diesen alten Spruch des römischen Satirikers Iuvenal, der oft dem legendären Turnvater Jahn zugeschrieben wird, belächeln Schüler wie Lehrer sicherlich nicht selten mehr oder weniger heimlich, denn was hat die intellektuelle Kapazität des menschlichen Geistes mit der Fähigkeit zu tun, einen Handstand-Überschlag fehlerfrei auszuführen oder über einen Schwebebalken zu balancieren? Doch neuere Forschungen – nicht nur auf dem Gebiet der Kinesiologie – geben dem römischen Satiriker recht: Wirklich optimal funktioniert unser Gehirn nur dann, wenn beide Gehirnhälften möglichst eng zusammenarbeiten, ist doch die linke für das rationale Denken und die Abstraktion zuständig, während die rechte Gehirnhälfte Kreativität, Intuition und Gefühle steuert.
Da das Zusammenwirken der beiden Gehirnhälften aber nicht (nur) genetisch bedingt ist, lässt es sich durch gezieltes Üben trainieren und verbessern – und führt so zur Optimierung der eigenen Leistungsfähigkeit und der persönlichen Zufriedenheit.

Einige erläuternde Worte zur Gliederung:
In den 10 Top-Tipps gleich zu Beginn finden Sie diejenigen Ratschläge, die wir für unbedingt wichtig halten. Das heißt nicht, dass die anderen 89 Tipps unwichtig wären – im Gegenteil, jeder für sich ist natürlich von gleich großer Bedeutung. Allerdings können Sie durch die Umsetzung der Top-Tipps am schnellsten und effektivsten die eigene Unterrichtspraxis in Bezug auf intelligentes Üben optimieren.
Das Kapitel „Rahmenbedingungen" markiert die Eckpunkte, in und zwischen denen schulisches Üben stattfindet, denn wer nicht weiß, in welchem Kontext und unter welchen Vorbedingungen er etwas tun soll, wird mit hoher Wahrscheinlichkeit scheitern.
Im nächsten Abschnitt zur praktischen Umsetzung wird konkret auf Strukturen, Strategien und Gütekriterien für erfolgreiches Üben sowie dessen Evaluationsmöglichkeiten

eingegangen: Wie und wo lassen sich Übungsphasen in den Unterricht integrieren? Welche Übungsarten gibt es und wie kann man den Erwartungen der Schüler gerecht werden? Zur Einschätzung des eigenen Vorgehens werden Kriterien für intelligentes Üben und Methoden zur Auswertung der verwendeten Übungsstrategie vorgestellt.
Das Kapitel „Übungsformen" trägt der Tatsache Rechnung, dass Üben nicht nur wiederholen bedeutet. Üben kann auch anwenden, vertiefen und übertragen heißen; intelligent gestaltet, stellt es in jedem Fall eine Bereicherung dar.
Methoden, Strategien und Vorschläge zur Herstellung eines übungsförderlichen Klimas werden im vierten Abschnitt erläutert. Unter den Aspekten Lehrer- und Schülerrolle, Gruppenzusammensetzungen, Umgang mit Aufgaben und Fehlern und – last but not least – den Rückmeldungs- und Kontrollmöglichkeiten werden in diesem Kapitel einige Faktoren angesprochen und vertieft, die ein gutes Lernklima ausmachen bzw. beeinflussen können.
Üben ohne systematisches und regelgeleitetes Gedächtnistraining ist wie Wasserpflügen – das Kapitel „Gedächtnistraining" ist daher so etwas wie das innere Rückgrat des hier vorgestellten Curriculums und widmet sich unterschiedlichen Mnemotechniken.
Übungsinstrumente fungieren als „Gehhilfe" für das Gedächtnis, sie erleichtern und systematisieren das Gedächtnistraining und lenken es in methodische Bahnen und Kanäle. Sie werden hier nur in ihrer Form und in ihrem vorgesehenen Nutzen beschrieben. Wie sie konkret eingesetzt werden, das bleibt den Fertigkeiten des Lehrers und noch mehr denen der Schüler überlassen. Entscheidend ist ihre regelmäßige und sachgerechte Anwendung – richtige Übung macht den Meister!
Die drei folgenden Abschnitte befassen sich mit Techniken – wir verstehen darunter ganz konkrete Fähigkeiten, Fertigkeiten und Verfahrensweisen, um „Übungsstoff" zu erschließen, zu strukturieren und zu planen, damit man ihn möglichst lange im Gedächtnis behält.
Im letzten Abschnitt konkretisieren wir unsere „Utopie",

dies aber nicht im Sinne eines unrealisierbaren „Wolkenkuckucksheims“, sondern ganz und gar praktisch als realisierbare und schülergerechte Übungsschule, deren Implementierung weder großer schulrechtlicher noch organisatorischer Reformen bedarf.

Wir wünschen Ihnen viel Erfolg!

Wencke Sorrentino
Hans Jürgen Linser
Liane Paradies

PS: Aus Gründen der besseren Lesbarkeit wird in diesem Buch durchgehend die männliche grammatische Form verwendet. Natürlich sind damit auch immer Frauen und Mädchen gemeint, also Lehrerinnen, Schülerinnen usw.

10 Top-Tipps ... Die Lieblingstipps der Autoren!

„Die Übung ist die Wiederholung einer Tätigkeit zu dem Zwecke, dass man diese besser ausführen lerne."
(Willmann/Roloff 1913, 197)

Grundmuster und Zweck des Übens

Ein gewisser Handgriff oder ein bestimmter Gedankengang wird so lange wiederholt, bis er beherrscht wird. Hinter dieser Kurzdefinition verbergen sich sowohl das methodische Grundmuster jeder Übung, nämlich Wiederholung, als auch ihr Zweck, die routinierte Beherrschung. Hinzu kommt, dass mit dieser mechanischen Form des Übens auch dem Vergessen entgegengewirkt wird.

Um die Ecke gedacht

Ohne Üben ist jeder Lernprozess vergeblich! Das menschliche Gehirn und das menschliche Gedächtnis sind nun einmal so angelegt, dass sich nur durch ständiges Wieder-bewusst-Machen und In-Erinnerung-Rufen feste Synapsen bilden können.
Allerdings gilt: Das naturgegebene und von Pädagogen so gut wie gar nicht beeinflussbare Talent eines Menschen setzt auch dem Übungsprozess gewisse Grenzen. Dennoch sollten Lehrer den Übungseifer ihrer Schüler stets unterstützen, auch wenn klar ist, dass ab einem gewissen Punkt keine weiteren Erfolge mehr möglich sind.

Gleich mal ausprobieren

1. Erstellen Sie eine Mindmap (Tipp 71) zum Thema Üben. Was ist Ihnen besonders wichtig?
Bitten Sie Ihre Schüler, ebenfalls eine Mindmap zum Thema Üben anzufertigen. Vergleichen Sie die „Gedankenlandkarten" und entwickeln Sie gemeinsame Übungsstrategien.

› Tipp 71

2. Wie setzen Sie intelligentes Üben um und wann ist Üben besonders erfolgreich (Tipp 25, 26)?
Erstellen Sie gemeinsam mit Ihren Schülern eine Rangliste geeigneter Methoden und Übungsphasen, die Sie im Klassenraum aufhängen.

› Tipp 25, 26

Übungscurriculum

Wenn man im Kontext schulischen Lernens das Begriffsfeld „Üben" in seinem vollen Umfang präzise erfassen will, stößt man schnell auf Probleme und Unklarheiten. Es gibt eine Reihe von weiteren Tätigkeiten, die selbstverständlich etwas mit dem Übungsprozess zu tun haben, aber durchaus andere, eigenständige Akzente setzen.

Üben vs. Wiederholung

Die unterschiedlichen Begriffe werden in der pädagogischen Theorie aber nicht weiter reflektiert, lediglich die Abgrenzung von Üben und Wiederholen findet sich in den Wörterbüchern der Pädagogik.

Wiederholungen werden zur Übung von bereits erlernten Fertigkeiten und vorhandenem Wissen eingesetzt. Sie sollten in kürzeren und längeren Abständen regelmäßig praktiziert werden (Tipp 17).

› Tipp 17

Immanente Wiederholung vs. systematische Wiederholung

In der alltäglichen Unterrichtspraxis wird unterschieden zwischen immanenter Wiederholung, die einzelne Themenbereiche in immer neuen Zusammenhängen wiederkehren lässt, und systematischer Wiederholung, die das Thema als Ganzes ins Gedächtnis ruft (Tipp 20).

› Tipp 20

Aber nicht jede Wiederholung entspricht gleichzeitig auch schon einer Übung.

Wiederholung als didaktisch-methodisches Grundelement des Übens

In jeder Übung finden wir Aspekte der Wiederholung und umgekehrt: Während beim Üben das Einprägen von Wissen die entscheidende Rolle spielt, ist das Wiederholen das didaktisch-methodische Grundelement des Übens, welches gesichertes und gespeichertes Wissen ausbildet und Sachzusammenhänge herstellt.

Um die Ecke gedacht

Zu den Tätigkeiten, die ganz sicher etwas mit dem Übungsprozess zu tun haben, aber andere, eigenständige Akzente setzen, gehören: wiederholen, anwenden, vertiefen, verknüpfen, übertragen, auswendig lernen, einführen, festigen, reaktivieren, neu ordnen, ausbauen, erlernen, verfeinern, verallgemeinern, trainieren, erproben. Welche Inhalte würden Sie welchem Begriff zuordnen?

3 Üben und Routine entwickeln

Übungsstufen

In Bezug auf die Beherrschung einer Fähigkeit kann zwischen drei Stufen unterschieden werden:

1. Jemand, der erst mit der Übung beginnt, verfügt noch über ein niedriges Leistungsniveau und will durch das Üben zu einem höheren gelangen.
2. Derjenige, der schon eine gewisse Übung hat, wiederholt das grundsätzlich schon Beherrschte, um es zu verbessern und zu erweitern (Tipp 16).
3. Derjenige, der bereits als „geübt" gilt, beherrscht das Geübte so perfekt, dass weitere Übungen nur noch dazu dienen, die Fähigkeit nicht wieder einzubüßen.

› Tipp 16

Routinebildung

Routinebildung besteht aus der schrittweisen Automatisierung und Verinnerlichung von zunächst bewusst erlebten und gesteuerten Handlungs-, Entscheidungs- und Gefühlsprozeduren.

Routinetypen

Man kann zwischen folgenden vier Typen von Routinen unterscheiden:

1. **Arbeits- und Organisationsroutinen,** mit deren Hilfe alltägliche Verrichtungen effektiv, ohne größere Anstrengung und oft genug auch elegant durchgeführt werden können.
2. **Kognitive Leistungsroutinen:** Wer zum hundertsten Mal eine quadratische Gleichung löst oder in einem komplexen Satz die Kommas richtig setzt, denkt nicht mehr nach – er wiederholt eingeschliffene Denkmuster.
3. **Interaktionsroutinen,** mit deren Hilfe ähnliche Interaktionssituationen gestaltet werden. Dazu zählen z. B. die in immer wieder gleicher Form ablaufenden körpersprachlichen Rituale beim Pausenverhalten oder dem Flirt mit dem anderen Geschlecht.
4. **Reflexionsroutinen:** Hierunter fällt z. B. die angemessene Verarbeitung von Erfolgs- oder Misserfolgserlebnissen im Unterricht, aber auch die sinnvolle Auswahl und Beherrschung von Methoden zur Erarbeitung eines Stoffes (Tipp 60–69).

› Tipp 60–69

Gleich mal ausprobieren

Überlegen Sie, was für Sie einen routinierten Menschen ausmacht, und beobachten Sie dann Ihr eigenes Verhalten. Welchem Routinetyp würden Sie sich zuordnen?
Denken Sie unabhängig davon darüber nach, welche Vorteile die vier Routineformen für unser Alltagsleben haben. Wo kommen sie besonders zum Einsatz? Gelten erworbene Routinen ein Leben lang?

4 Üben in Zeiten der Erlebnisgesellschaft

Üben inner- und außerhalb des Unterrichts ist weder bei den Schülern noch bei den Lehrern beliebt. Schüler (und Lehrer) verbinden die Begriffe Üben und Wiederholen (Tipp 2) mit Langeweile, Monotonie, Lustlosigkeit und mechanischer Ausführung.

› Tipp 2

„Übung macht den Meister"

In Zeiten der Erlebnispädagogik, der Öffnung des Lernraums Schule nach außen, der Inszenierung handlungsorientierter Unterrichtsmethoden usw. scheinen das Üben oder das Wiederholen nicht nur aus der Mode gekommen, sondern auch völlig überflüssig zu sein. Dass zur wirklichen Beherrschung eines Sachgebietes bzw. einer Fähigkeit oder Fertigkeit die sichere Verankerung des Neuen im Langzeitgedächtnis notwendig ist, wird von der modernen Pädagogik manchmal ignoriert. Die simple Tatsache, dass eben nur „Übung den Meister macht", gilt offensichtlich heutzutage nur noch in Bereichen wie dem Erlernen eines Musikinstruments oder dem Leistungssport. Ansonsten wird uns von der modernen Medienwelt suggeriert, dass Arbeit und Anstrengung, Wiederholung und Monotonie beim Erlernen neuer Sachverhalte von gestern seien, der moderne Mensch dagegen könne ohne großes Vorwissen und ohne jede Einübung sofort die gewollten Kompetenzen erlangen.

Üben, wiederholen, festigen

Üben, Wiederholen und Festigen sind jedoch unverzichtbare und elementare Bestandteile eines jeden Lernprozesses, und jeder Lehrer kann mit ein wenig Überlegung und

Planung Übungen so gestalten, dass die Schüler sie als phantasievolle und kreative Phasen des Unterrichts erleben und akzeptieren können. Von entscheidender Bedeutung ist allerdings, dass in den Köpfen der Schüler folgende Erkenntnis reift und verinnerlicht wird: Phantasie, Kreativität und Freude an gleich welcher Sache entstehen schrittweise mit der allmählich erlernten souveränen Beherrschung derselben – und dieser Prozess ist durch eine lustvolle, stufenförmige Wechselwirkung geprägt: Je besser ich etwas beherrsche, desto lieber beschäftige ich mich damit.

Um die Ecke gedacht

› Tipp 5

„Übung macht den Meister", aber nicht automatisch, denn das Sprichwort müsste korrekt heißen: „Richtiges Üben macht den Meister". Falsches Üben (Tipp 5) nützt nicht nur nichts, sondern schadet

- dem fachlichen und methodischen Kompetenzerwerb,
- dem Vertrauen in die eigenen Fähigkeiten,
- der Ausdauer und der eigenen Motivation.

Achtung!

› Tipp 97

Das Üben darf nicht ausnahmslos dem Schüler allein zu Hause überlassen werden, sondern es muss integrativer Bestandteil des Schulunterrichts werden. Dies geht nicht ohne Kompetenzaufbau bei Lehrern und Schülern (Tipp 97).

Das Üben an sich sollte wieder mehr geschätzt werden und einen hohen Stellenwert innerhalb des täglichen Unterrichts erlangen: Wenn Üben allgemein als Wiederholung eines (körperlichen, geistigen oder sozialen) Vorgangs verstanden und akzeptiert wird, dann gilt zumindest für den schulischen Bereich, dass diese Tätigkeit im regelgeleiteten Unterrichtsprozess mindestens einmal vollständig vom Schüler ausgeführt worden sein muss.

Stellenwert des Übens im Unterricht steigern

Zwar wird im Kontext des schulischen Lernens inner- und außerhalb des Unterrichts viel geübt, aber wenig darüber räsoniert. Das bedeutet normalerweise, bezogen auf den konventionellen Unterricht, dass ein neues Problem gemeinsam in der Erarbeitungs- oder Vertiefungsphase gelöst wird, anschließend eine ebenso exemplarische Ergebnissicherung stattfindet und der eigentliche Übungsprozess hauptsächlich in die Hausaufgabe verdrängt wird (Tipp 92).

Üben gehört zum Unterricht

› Tipp 92

Achtung!

Die Wahrscheinlichkeit, dass durch Pseudoüben dieser Art bereits erreichte Lern-Niveaus wieder zerstört werden, ist groß! Die Vernetzung mit bereits vorhandenem Wissen, die Erkenntnis, dass dem Neuen bereits geläufige Basisstrukturen zugrunde liegen, wird in der individualisierten Hausaufgabensituation geradezu vereitelt.

Gleich mal ausprobieren

Planen Sie für eine Ihrer Stunden eine längere Übungsphase. Überlegen Sie genau, wie Sie die geläufigen Basisstrukturen und die Vernetzung mit anderem Wissen fördern können:

- durch wechselnde Sozialformen,
- durch wechselnde Zusammensetzung leistungsheterogener und -homogener Gruppen (Tipp 33),
- durch wechselnde Arbeitsformen,
- durch gezielte Unterstützung einiger Schüler,
- durch entsprechend aufbereitete Arbeitsmaterialien.

› Tipp 33

6 Gegen die Folgenlosigkeit des schulischen Übens

› Tipp 20–24
Übungsformen

Das Üben kann in unterschiedlichen Formen (Tipp 20–24) durchgeführt werden:

- als Wiederholung, die dazu dient, sich Sachzusammenhänge einzuprägen und die ein gesichertes und verfügbares Wissen ausbildet,
- als Anwendung, die das Gelernte mit den individuellen älteren Wissensbeständen verknüpft, indem sie ähnlich gelagerte Probleme bearbeitet und damit das Wissen festigt,
- als Vertiefung, die die Intensität der Sachverhalte verstärkt,
- als Transfer, der die erworbenen Kenntnisse jederzeit abrufbar auf alle angemessenen Bereiche übertragen kann,
- als Kontrolle, die momentan verfügbares Wissen abfragt.

Sinn und Zweck des Übens

Das schulische, individualisierte Üben beschränkt sich fast völlig auf den ersten und den letzten Punkt. Es hat in der Regel ausschließlich einen einübenden und keinen ausübenden Zweck. Die eingeübten Kenntnisse und Fertigkeiten brauchen die Schüler nur einmal – nämlich in der schriftlichen Lernkontrolle – „auszuüben". Die Sinnhaftigkeit der eingeübten Qualifikationen für andere Bereiche als diese Prüfung bleibt ihnen weitgehend verborgen.

Extrinsisch und intrinsisch motiviertes Üben

Das Üben im schulischen Kontext ist somit fast ausschließlich extrinsisch motiviert. Schüler lernen für Klausuren oder sonstige Prüfungen und/oder um bessere Noten zu erhalten. Das Üben aus „Liebe zum Stoff", also das intrinsische Üben, findet kaum statt – und damit auch keine Speicherung des Wissens im Langzeitgedächtnis.

Gleich mal ausprobieren

Schaffen Sie bewusst Situationen, in denen das Üben nicht nur passiv, rezeptiv, ergebnisorientiert, individuell, kollektiv, extrinsisch motiviert und lehrergeleitet ist, sondern auch aktiv, konstruktiv, prozessorientiert, kleingruppenorientiert, intrinsisch motiviert und schülergeleitet, situiert, projektbe-

zogen, überfachlich und offen sein kann. Die Schüler sollen sich mit den gestellten Aufgaben aktiv auseinandersetzen und sich ihr Wissen individuell erarbeiten.
Ein aktuelles Übungsszenario stellt z.B. der „Finanzkollaps" dar, wie er sich im Oktober 2008 ereignet hat. (Volkswirtschaftliche, politische und mathematische Kenntnisse lassen die Mechanismen verstehen, die dazu geführt haben.)
Entwickeln Sie eigene „Übungsszenarien", notieren Sie Ihre Erfahrungen und tauschen Sie sich mit Kollegen aus.

7 Üben als pädagogische Aufgabe verstehen

Theoretische Reflexion des Übens

Das Üben ist aus der Übung gekommen, zumindest was seine theoretische Reflexion angeht: Übungen sind kein Forschungsgegenstand aus der alltäglichen Unterrichtspraxis. Sie sind eher langweilig als spannend, und es wird vorausgesetzt, dass jeder Referendar und jeder berufserfahrene Lehrer sie beherrscht.

Üben in Unterrichtsplanung einbeziehen

Übungen benötigen nicht nur eine eigenständige pädagogische Konzeption mit Übungsgesetzen und Übungsweisen, sondern müssen in die Phasierung des Unterrichts integriert werden. Übungsmöglichkeiten werden im Regelfall nachträglich oder zusätzlich eingebaut, aber viel zu selten schon bei der Unterrichtsplanung berücksichtigt und sinnvoll eingesetzt (Tipp 10). Auf diese Weise werden sie zu „Lückenbüßern" degradiert und von den Schülern als ungeliebte Aufgabe empfunden. Erfolgreich geübt werden kann jedoch nur, wenn Übungen regelmäßig erfolgen und mit der nötigen Motivation ausgeführt werden.

› Tipp 10

Achtung!

Üben ist erst dann pädagogisch sinnvoll, wenn es als pädagogische Aufgabe innerhalb eines pädagogischen Konzeptes verstanden wird.

Gleich mal ausprobieren

› Tipp 96

Die folgenden acht Fragen sollen eine Hilfe beim gezielten Aufbau von Übungscurricula sein (Tipp 96):

1. Die Frage, *wer* im schulischen Kontext üben soll, betrifft die leistungsbezogene Differenzierung der Schüler, d.h., es geht um die Frage, wer wie viel Übungsdisziplin aufbringen will (oder muss), um bestimmte Übungsziele zu erreichen. Die genaue Diagnose von Übungsdefiziten ist ebenso Aufgabe der Schule wie die gezielte Förderung der Lernschwachen.

› Tipp 11

2. Die Frage, *was* geübt wird (die Frage nach den Lerninhalten), ist sicher die „Gretchenfrage" einer Didaktik des Übens: Wird nur das unmittelbar in Tests verwertbare kognitive Faktenwissen geübt oder üben Schüler auch, um fit für Lernziele im emotionalen, sozialen, ethischen oder psychomotorischen Bereich zu werden (Tipp 11)?

3. Die Frage, *wo* geübt wird (also die Frage nach den Lernorten), kennt nur zwei mögliche Alternativen: allein zu Hause, mit der Hilfe der Eltern oder des Nachhilfelehrers oder während bestimmter Unterrichtsphasen allein, gemeinsam, mit Klassenkameraden, jahrgangsübergreifend und/oder mit der Hilfe des Lehrers.

› Tipp 93, 94

4. Die Frage, *wann* geübt wird, ist natürlich mit der vorhergehenden sehr eng verbunden: Finden die Übungsphasen in einer Ganztagsschule entweder in Phasen des normalen Unterrichts oder in speziell ausgewiesenen Stunden statt (z.B. in Arbeitsplanstunden) (Tipp 93, 94)? Hat das Üben den notwendigen verbindlichen Charakter und ist es integraler Bestandteil des Unterrichts? Ist das Üben ein im Wesentlichen häuslicher Prozess, findet es unter fachfremden Bedingungen statt?

5. Die Frage, *mit wem* geübt wird, hängt ebenfalls sehr eng mit der Unterrichtsorganisation zusammen. Erfahrungsgemäß sind gemeinsame Übungsphasen mit Mitschülern im häuslichen Rahmen und außerhalb der Schule sehr selten.

6. Die „*womit*"-Frage bezieht sich auf den Medieneinsatz beim Üben. Aber Vorsicht: Je bunter, vielfältiger und raffinierter das häufig mit Musik unterlegte „Edu-" oder „Infotainment" ist, desto geringer ist meistens der Übungseffekt. Konzentrationsfördernd ist dieser „moderne" Medieneinsatz also nicht in jedem Fall.

7. Die Frage, *wie* geübt wird, bezieht sich auf die Übungsstrategien. Geht der Schüler eher plan- und hilflos an das zu übende Pensum heran, oder nutzt er während des Übungsprozesses die für ihn wirklich effektiven Techniken? Leider ist die erste Alternative dann, wenn im Rahmen der häuslichen Lernphasen einer Halbtagsschule geübt wird, der Normalfall. Schüler brauchen eine systematisch aufgebaute und vom Lehrer didaktisch begleitete Methodenschulung, um effektive Übungskompetenz erlangen zu können.

8. Die „*wozu*"-Frage ist die Zielfrage: Was soll beim Üben herauskommen? Welche vernünftigen Ziele sind unter schulischen Rahmenbedingungen zu erreichen (Tipp 16, 97)?

› Tipp 16, 97

8 Manuelles und kognitives Üben

Manuelles Üben

Für das manuelle Üben gilt grundsätzlich Folgendes: Derjenige, der z. B. das Klavierspielen perfekt erlernt hat, kann deswegen noch lange nicht Geige spielen, denn die mechanischen Handgriffe für das Beherrschen dieses Instrumentes sind ganz anders als beim Klavierspielen. Ebenso wird der geniale Fußballspieler nicht automatisch ein exzellenter Motorradrennfahrer – das manuelle Üben verweist nicht unmittelbar auf eine methodische Metaqualifikation!

Metaqualifikation: kognitives Üben

Genau dieses ist aber beim kognitiven Üben der Fall: Wenn ein Schüler eine Technik entwickelt, eine Methode eingeübt hat, wie er die wesentlichen Informationen aus einem Text herausfiltern kann, wird er diese Kompetenz problemlos auf Texte mit vergleichbarer Struktur und angemessenem Schwierigkeitsgrad übertragen können.

Genauso wenig braucht der beschriebene Klavierspieler, der beschließt, auch noch das Geigespielen zu lernen, noch einmal die Notenschrift, die Tonleiter, die Bedeutung der verschiedenen Notenschlüssel usw. zu üben – diesen kognitiven Lernprozess hat er bereits hinter sich, und er kann das Gelernte ohne Probleme auf das neue Instrument übertragen.

Methodenkompetenz als Grundvoraussetzung für das Üben

Gleichgültig, um welche kognitive Kompetenz es sich handelt: Wenn sie einmal erlernt und eingeübt worden ist, weist sie über den Einzelfall (an dem man sie vielleicht erlernt hat) hinaus auf allgemeine, weitergehende Anwendungsbereiche. Dies bedeutet, dass der Aspekt der Ausbildung methodischer Kompetenzen für den Prozess des schulischen Übens wesentlich ist (Tipp 97)!

› Tipp 97

Achtung!

Die Einübung und das Training geistiger Kompetenzen sind eben nicht eindimensional in dem Sinne, dass man im Prozess des Übens nur eine einzige, klar abgegrenzte und nur in einer speziellen Situation verwendbare Qualifikation erwirbt.

9 Individuelle Lernstile berücksichtigen

Alle Sinne ansprechen

Es ist Aufgabe der Schule, die Voraussetzungen und die Möglichkeiten zu schaffen, dass auch die Übungsphasen während des Unterrichts so gestaltet werden können, dass möglichst viele Sinne beim Lernen angesprochen werden.

Das eigene Lern- und Übungsverhalten kennen

Eine wichtige Voraussetzung zum optimalen Kompetenzerwerb besteht darin, den Schülern zu verdeutlichen, dass sie unterschiedlich lernen, dass es unterschiedliche Lerntypen gibt. Sie müssen dazu befähigt werden, ihr eigenes Lern- und Übungsverhalten selbst einzuschätzen und individuelle Wege zu finden, um Informationen aufzunehmen, zu verstehen, zu begreifen, möglichst lange zu behalten und bei entsprechender Gelegenheit abzurufen.

Nur wenn Schüler ihren individuellen Lernstil kennen (Tipp 87), sind sie dazu in der Lage, ihr Übungsverhalten zu optimieren und zu verbessern. Sie sollten lernen, Informationen individuell für sich zu verarbeiten und sie je nach Bedarf auf unterschiedliche Art und Weise zu präsentieren.

› Tipp 87

Gleich mal ausprobieren

Planen Sie die folgenden Dimensionen bei der Unterrichtsvorbereitung mit ein:

1. Innere Einstellung
Eine positive mentale Einstellung ist Voraussetzung für erfolgreiches Lernen, denn Ängste, Ablenkung und Aufhebung der Konzentration durch nicht zielführende Gedanken gefährden den Erfolg.

2. Lernumgebung
Das Lernumfeld muss so „ästhetisch" gestaltet sein, dass Lernen überhaupt erst stattfinden kann, um dann erfolgreich zu sein (Tipp 84).

› Tipp 84

3. Verhaltensebene
Zum Erwerb einer Sprache benötigen wir einen Wortschatz und Strukturen, zum Lösen mathematischer Probleme müssen wir bestimmte Regeln und eine geeignete Fachsprache beherrschen.

4. Fähigkeitsebene
Alltägliche Kommunikation wird durch die Fähigkeit ermöglicht, sein Verhalten der Situation angemessen einzusetzen. Eine Fähigkeit ist dann gegeben, wenn Menschen situationsadäquat so handeln können, wie sie es sich vorstellen.

5. Werte und Normen
Unsere eigenen Werte und Normen, aber auch unsere Neugierde bestimmen, warum wir etwas lernen oder nicht lernen wollen.

6. Identität
Der Grad des „Einverstanden-Seins" mit den Erziehungszielen der Schule oder Schulform bestimmt die individuelle Zufriedenheit des Einzelnen.

10 Üben in die Strukturebenen des Unterrichts integrieren

› Tipp 91

Das Üben sollte zum festen Bestandteil aller Planungsraster und Realisierungsmodi gehören und in der Phasierung (Tipp 91) jeder Unterrichtsstunde gebührend berücksichtigt werden: Geübt wird im Anschluss an Aneignungs- und Erarbeitungsphasen. Erst wenn eine Tätigkeit auf einem niedrigen Geschmeidigkeitsniveau beherrscht wird, kann man damit beginnen, sie zu üben.

Übungstempo

Der Umgang mit der Zeit sollte sich in Übungsphasen von Aneignungs- und Erarbeitungsphasen unterscheiden. Wenn sich Schüler eine Kompetenz neu aneignen, wenn sie etwas entdecken und erarbeiten sollen, dann sind Drängeln und Druck-Machen des Lehrers gänzlich überflüssig. Zum Üben gehört demgegenüber die Formulierung einer Leistungserwartung: Üben und Tempo hängen nicht immer, aber doch häufig zusammen. Daher sollte darauf hingearbeitet werden, dass die Schüler das Übungstempo immer häufiger selbst bestimmen.

Übungsphasen in den Unterricht integrieren

› Tipp 34

Grundsätzlich lassen sich Übungsphasen in jede Strukturebene des Unterrichts integrieren:

- in die Zielstruktur durch differenzierte Aufgabenkonstruktionen (Tipp 34),
- in die Inhaltsstruktur durch verschiedene Themenstellungen,
- in die Sozialstruktur durch intensive Beziehungsarbeit,
- in die Zeitstruktur durch Prozess-Steuerung, -begleitung und -beobachtung,
- in die Handlungsstruktur durch methodisches Handeln,
- in die Raumstruktur durch eine vielfältige Schulumwelt.

Gleich mal ausprobieren

Versuchen Sie im ersten Schritt, eine Übungsphase in eine der Unterrichtsstrukturen einzubauen. Welche Erfahrungen haben Sie gesammelt? Weiten Sie dann Schritt für Schritt die Übungsphasen auf alle Strukturebenen aus und diskutieren Sie über Vor- und Nachteile mit anderen Kollegen.

Strukturmodell des Unterrichts als Scheibenmodell

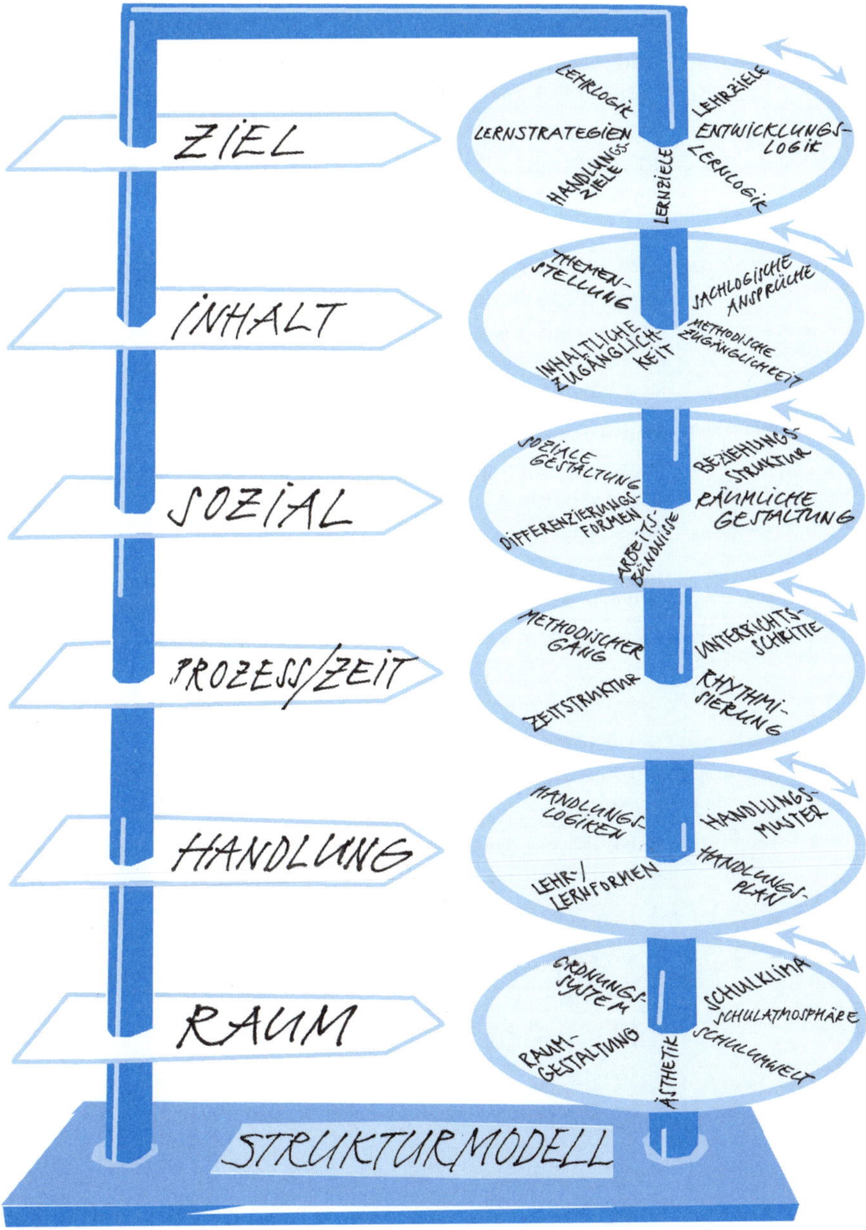

DIMENSIONEN DES ÜBENS

11

Das Üben kann sich auf die Sicherung von Kenntnissen, aber auch auf die Gefühlsbildung oder das Training von Fähigkeiten und Fertigkeiten beziehen. Es gibt also verschiedene Aspekte oder Lernbereiche des Übens, die sich in folgende drei Dimensionen unterteilen lassen:

Stärkung des Intellekts – kognitiv

› Tipp 12

1. Dimension: *Das Üben der Verstandeskräfte*
Wissen, Kenntnisse und kritische Einsichten werden trainiert, diese Dimension wird in der Psychologie als kognitive Dimension bezeichnet – Stärkung des Intellekts (Tipp 12).

Stärkung der Empathie – affektiv

› Tipp 13

2. Dimension: *Das Üben von Einstellungen*
Haltungen, innere Ansichten, Gefühlslagen und Sozialverhalten werden ausgebildet, diese Dimension wird als emotionale bzw. affektive Dimension bezeichnet – Stärkung der Empathie (Tipp 13).

Stärkung der Handlungskompetenz – psychomotorisch

› Tipp 14

3. Dimension: *Das Üben von Fähigkeiten und Fertigkeiten*
Geistige und manuelle bzw. körperliche Arbeiten werden miteinander verknüpft (beim Schreibenlernen, beim Fahrradfahren), diese Dimension wird in der Psychologie als psychomotorisch oder enaktiv bezeichnet – Stärkung der Handlungskompetenz (Tipp 14).

Um die Ecke gedacht

Üben ist immer ganzheitlich. Es hat sowohl eine kognitive als auch eine affektive und eine psychomotorische Dimension, auch wenn einzelne Dimensionen im Bewusstsein des Übenden und je nach Übungsarrangement in den Hintergrund treten können.
Unterschiedliche Lernziele erfordern somit einerseits unterschiedlich starke Übungsintensität und andererseits verschiedene Übungsformen.
Erfahrungsgemäß ist es daher sinnvoll, die unterschiedlichen Übungsstrategien getrennt voneinander im Unterricht zu behandeln und zu beschreiben. Nur so ist es den

Schülern möglich, sie konkret umzusetzen, sie zu erläutern und sie zu verändern – sie individuell „zuzuschneidern“. Erst wenn ein Schüler sieht, welche Erfolge er mit einer Übungsstrategieveränderung erzielt, ist er in der Lage und bereit, seine eigene individuell anzupassen.

12 Informationsverarbeitungsstrategien

Neues Wissen verstehen, anwenden, übertragen

Neues Wissen wird durch die Präsentation von Informationen oder das Erklären von Konzepten aufgenommen. Dieses Wissen muss verstanden, verarbeitet und gespeichert werden, um es jederzeit abrufen, anwenden und auf beliebige Situationen angemessen übertragen zu können.

Lernziele

Die der kognitiven Dimension zugeordneten Lernziele lassen sich in drei Kategorien untergliedern:

1. Faktenwissen im engeren Sinne („Wissen, dass …“),
2. Wissen über Vorgehensweisen, Prozeduren und Algorithmen zur Problemlösung („Wissen, wie …“),
3. Wissen über mögliche Anwendungssituationen („Wissen, wozu …“).

Das Erreichen dieser Lernziele setzt voraus, dass Schüler und Lehrer über ein hohes Maß an Methodenkompetenz und damit an Lern- und Übungstechniken verfügen (Tipp 27, 97).

› Tipp 27, 97

Welche Aspekte könnten Übungsstrategien dabei berücksichtigen?

Informationen verstehen

1. Informationen verstehen
- Nachschlagen in Lexika, Fachbüchern, Atlanten,
- Experten befragen (Lehrer, Mitschüler, …),
- Verbindung zu alten Wissensbeständen herstellen,
- Informationen ordnen, strukturieren, gliedern,
- Wichtiges von Unwichtigem trennen und markieren,
- Regeln und Gesetze erkennen.

Informationen speichern

2. Informationen speichern
- Mnemotechniken anwenden (Tipp 40–46),
- Erschließungstechniken einsetzen (Tipp 60–69),
- Systematisierungshilfen angemessen und situationsbedingt nutzen.

› Tipp 40–46
› Tipp 60–69

Informationen anwenden

3. Informationen anwenden
- konkrete Beispiele für abstrakte Regeln finden,
- abstrakte und übergeordnete Gesetzmäßigkeiten formulieren,
- Hypothesen generieren und hierbei die Fähigkeit zur logischen Stringenz entwickeln.

Gleich mal ausprobieren

Welcher der drei Aspekte ist Ihnen in Ihrer nächsten Unterrichtseinheit am wichtigsten? Wählen Sie einen entsprechenden Unterpunkt aus, und überlegen Sie, mit welchen Instrumenten, Methoden und Medien sich dieser Aspekt konsequent umsetzen lässt bzw. welche Strategien die Schüler dabei entwickeln können. Auch hier gilt, dass erst die regelmäßige Anwendung Aussicht auf Erfolg verspricht.

13 Interaktionsstrategien

Interaktionsstrategien gehören zur affektiven Dimension des Übens. Sie beziehen sich sowohl auf das Lernen von Einstellungen als auch von Sozialverhalten.
Das Erreichen dieser Lernziele ist sehr von der Persönlichkeit des Einzelnen, von dessen bisherigen Einstellungen und Verhaltensweisen abhängig.

Achtung!

Das soziale Gefüge in einer Klasse lässt sich nicht einfach „verordnen", es ist vom guten Willen der Beteiligten, deren Motivation und nicht zuletzt von der Glaubwürdigkeit des Lehrers abhängig (Tipp 31, 85).

› Tipp 31, 85

Die Umsetzung der Ziele lässt sich nur hermeneutisch kontrollieren, denn das nach außen gezeigte Verhalten lässt sich zwar beobachten, innere Sichtweisen dagegen bedürfen der Deutung und Interpretation. Kooperativer Unterricht, bei dem der Schwerpunkt auf der Sozialform der Gruppenarbeit liegt, kann daher die diskursive Grundlage für die gemeinsame Arbeit sein.

Lernziele umsetzen

Interaktionsstrategien konstituieren sich unter den folgenden Aspekten:

Herausbildung von Interaktionsstrategien

- sich selbst Übungsziele setzen,
- Übungsziele regelmäßig überprüfen und ggf. revidieren, ohne sich selbst zu überfordern,
- Planungstechniken einsetzen (Tipp 80–89),
- eigene Lernmotivation bewusst hinterfragen und Hauptbeweggrund herausarbeiten,
- klare Trennung von Übungs- und Freizeitphasen: während der Übungszeiten keine „Versuchungen“ zulassen (Wer dies nicht beherrscht, wird sehr viel Energie in die stets gefährdete eigene Motivation investieren müssen und diese damit dem Übungsprozess entziehen.),
- eigene Stimmungen durch eine konzentrationsfördernde und als angenehm empfundene Umgebung positiv beeinflussen,
- pfleglicher Umgang mit den eigenen Ressourcen, um Erschöpfung und Überforderung zu vermeiden und die eigene Leistungsfähigkeit und Kreativität zu erhalten,
- in Kooperation mit anderen üben (Der soziale Aspekt kann, muss aber nicht in jedem Fall den Übungsprozess effektivieren: Für viele – aber nicht für alle – ist er jedoch motivierend und damit leistungsfördernd.),
- in Zusammenarbeit mit anderen die eigenen Übungsstrategien revidieren und effektivieren.

› Tipp 80–89

Handlungsstrategien

14

Die zur psychomotorischen Dimension gehörenden Handlungsstrategien beziehen sich auf die Verknüpfung von geistiger und manueller bzw. körperlicher Arbeit, denn auch auf die praktischen Fähigkeiten kommt es an.

Geistige und körperliche Arbeit verknüpfen

Es reicht nicht aus, kognitiv psychomotorische Kenntnisse zu entwickeln, sondern das eigene „Tun" ist gefragt, denn ohne das selbstständige Ausführen manueller Tätigkeiten und das Nachvollziehen von Bewegungsabläufen können keine Fertigkeiten entwickelt werden. Dem jeweiligen Alter angemessene und realitätsnah gestaltete Situationen sollten die Grundlage für die Entwicklung von Handlungskompetenz bilden.

Auf dieser Ebene erarbeiten die Schüler Strategien, wie das kognitive Wissen und die affektiven Einstellungen aktiv umgesetzt werden.

Wirkungskreis von Handlungsstrategien

Handlungsstrategien können sich beziehen auf:

- eine saubere, deutliche und übersichtliche Schrift in allen Fächern (unterste Ebene),
- die Entwicklung der Fähigkeit, etwas freihändig skizzieren und zeichnen zu können,
- den angemessenen Umgang mit Hilfsmitteln für den Fachunterricht – vom exakten Einsatz des Geodreiecks über das schnelle Durchblättern eines Wörterbuchs bis zur sicheren Beherrschung eines Linolschneidemessers,
- die Fähigkeit zum Bau von Modellen und zum Aufbau von Versuchen,
- den sinnvollen Einsatz von Materialien und Medien, z. B. die Gestaltung von Folien oder Wandzeitungen, den angemessenen Einsatz von Dias oder Filmausschnitten, die didaktischen Möglichkeiten des Internets,
- das Training der Empathie durch das sich Hineinversetzen in eine andere (reale oder fiktive) Person mit dem Ziel, sich das Körpergedächtnis dieser Person zu eigen zu machen, um ihre Motive und Handlungen nachvollziehen und nacherleben zu können.

Um die Ecke gedacht

Handlungsstrategien sind für erfolgreiches Lernen ebenso wichtig wie Informations- und Interaktionsstrategien (Tipp 12, 13). Sie helfen den Schülern, sich erfolgreich im Leben zu bewegen und zu handeln.

› Tipp 12, 13

UNTERSCHIEDLICHE ÜBUNGSARTEN EINSETZEN

15

Übungsarten des systematischen Lernens

Das Erlernen einer Fähigkeit kann nur durch eine geschickte Kombination unterschiedlicher Übungsarten erreicht werden.

Weil unsere Lebensverhältnisse immer komplexer werden, reicht die bloße Nachahmung der Erwachsenen oder das autodidaktische Herumprobieren nicht mehr aus – die Antwort auf diese Entwicklung besteht aus nichts anderem als der Herausbildung unserer heutigen Schule und dem ihr zugrunde liegenden Prinzip des systematischen Lernens unter Einbeziehung elementarer, ganzheitlicher, kreisförmiger, spiralförmiger und linearer Übungen. Diese können wie folgt eingesetzt werden:

Matrix des Übens

	kreisförmig	spiralförmig	linear
elementar	Wiederholung grundlegender Kenntnisse	Anwendung und Erweiterung sicher beherrschter Kenntnisse	Linearer Aufbau systematischen Wissens
ganzheitlich	Wiederholung kontextbezogener Kenntnisse	Entwicklung von Kenntnissen in immer komplexer werdenden Kontexten	Linearer Aufbau kontextualisierten Wissens

Achtung!

Diese Matrix stellt natürlich nur einen sehr groben Versuch einer Systematisierung dar und ist primär als Orientierungshilfe gedacht. Sie soll den konkreten Differenzierungsprozess, der auf die spezifischen Fähigkeiten der einzelnen Schüler abgestimmt werden muss, erleichtern und begleiten.

Probleme isoliert betrachten

Elementare Übungen

Probleme werden in ihre kleinsten Bestandteile zerlegt. Der Übungsprozess konzentriert sich dann jeweils auf ein einzelnes Element. Diese Elementarteile werden zunächst isoliert intensiv geübt, die Zusammenfügung zu einem größeren Ganzen erfolgt abschnittsweise erst später.

Probleme im Zusammenhang sehen

Ganzheitliche Übungen

Ein bestimmtes Problem wird nicht isoliert, sondern in seiner Gesamtheit und den Bezügen zu seiner Umgebung begriffen. Dahinter steht die Erkenntnis, dass ein Ganzes oft mehr ist als die Summe seiner Teile, die bloße Addition einzelner Elemente also kein sachadäquates Vorgehen ist.

Gleich mal ausprobieren

› Tipp 20

Um den erreichten Lernstand zu erhalten und zu sichern, sind kreisförmige Übungen wichtig und notwendig (Tipp 20). Wie häufig am Tag setzen Sie diese Übungen ein? Erhöhen Sie den Anteil um 50 Prozent und überprüfen Sie dann den Lernstand Ihrer Schüler.

16 Was Schüler vom Üben erwarten

› Tipp 38

Eine Befragung von Schülern zur Entwicklung von Indikatoren für gute Übungen und Übungsprozesse kam zu dem Ergebnis, dass ihr eindeutig formuliertes Ziel die Leistungsverbesserung ist. Sie bemängeln, dass ihnen dafür häufig die begründeten Urteile und Rückmeldungen (Tipp 38) der

Lehrer über ihre Kenntnisse und Schwächen im fachlichen und methodischen Bereich fehlen.
Diese Defizite sind, so die überwiegende Schülermeinung, auf die ungleiche Verteilung von Informations-, Problematisierungs- und Übungsphasen im Unterricht zurückzuführen: Die Präsentation von Informationen und die problematisierende Diskussion werden häufig zulasten des Übens, Wiederholens und Anwendens des Gelernten überproportional ausgedehnt.
Die Schüler kritisieren weiter, dass erworbene Fähigkeiten und gelernte Fertigkeiten nur selten über einen längeren Zeitraum systematisch wiederholt und angewendet werden (Tipp 93). So gibt es für sie kaum eine Chance, Informationen zu behalten und zu speichern. Die Einbettung des neu Gelernten durch unterschiedliche Aufgabenstellungen gestaltet sich meistens so, dass nur eine Reihe von fast gleichen Aufgaben als Hausaufgabe oder in einer kurzen Übung im Unterricht behandelt wird. Jedoch ist die Mehrzahl dieser Schüler der Ansicht, dass sie nur die Informationen lange behalten und speichern können, die sie auch intensiv geübt haben. Fertigkeiten, die sie einmal erworben haben, aber nur teilweise gekonnt oder geübt haben, geraten dagegen sehr viel schneller in Vergessenheit; nach einem Jahr ohne Übung müssen sie meistens sogar wieder völlig neu erlernt werden.

Systematisch wiederholen und anwenden

› Tipp 93

Intensiv üben

Achtung!

Insbesondere umfangreiche und komplexe Lernprozesse erfordern eine größere Anzahl praktischer Übungen als einfache und leicht nachvollziehbare Denkprozesse.

Gleich mal ausprobieren

Fordern Sie Ihre Schüler auf, die bei ihnen schon vorhandenen Übungsstrategien durch nachträgliches lautes Denken (Tipp 40) zu verbalisieren, durch gemeinsame Diskussionen zu verfeinern und zu verbessern und unter Berücksichtigung der einzelnen Schüler-Lerntypen individuell anzupassen.

› Tipp 40

Kriterien für intelligentes Üben

17

Im Folgenden soll auf acht Kriterien für intelligentes Üben näher eingegangen werden:

Bedeutsamkeit des Übungsgegenstandes

1. Subjektive Bedeutsamkeit des Übungsgegenstandes für den Schüler
   Wenn der Gegenstand oder das Thema einer Übung für den Schüler subjektiv wichtig sind, dann wird damit die Wahrscheinlichkeit, dass das Üben erfolgreich verläuft, erhöht.

Erziehung zur Selbstständigkeit

2. Hoher Grad an Schüler-Selbsttätigkeit und Entwicklung von Selbstständigkeit
   Die Erziehung der Schüler zur Selbstständigkeit setzt voraus, dass sie im Unterricht die Möglichkeit haben, selbsttätig zu handeln, selbst Lösungsschemata zu erarbeiten, Modelle zu konstruieren, eigene Gesetzmäßigkeiten zu entwickeln usw. Ein hoher Grad an Selbsttätigkeit trainiert die bewusste Auswahl von Übungsstrategien und -instrumenten und erhöht den Erfolg des Übens.

Informationen strukturieren

› Tipp 66

› Tipp 41–45

3. Sinnvoll strukturierte Sinn-, Sach- und Problemzusammenhänge der Informationen
   Zusammenhangslose Informationen bleiben weniger lange im Gedächtnis haften als sinnvoll strukturierte. Der Erfolg beim Üben nimmt immer dann zu, wenn z. B. Strukturierungshilfen beim Lesen (Tipp 66) eines Textes genutzt werden, wenn Rhythmen das Auswendiglernen eines Gedichtes unterstützen, wenn Signalwörter den Biologietext gliedern, wenn logische Verknüpfungen deutlich gemacht werden, wenn Bildreihen oder Eselsbrücken als Gedächtnisstützen das Auswendiglernen erleichtern usw. (Tipp 41–45).

Verknüpfung mit alten Wissensbeständen

4. Logische Verknüpfungen mit älteren Wissensbeständen
   „Ach ja, das habe ich schon mal im Deutschunterricht gehört – ich erinnere mich." Wenn Schüler dieses Aha-Erlebnis möglichst häufig im Unterricht und beim Üben erfahren, dann kann man davon ausgehen, dass sie sich auch die neuen Informationen deutlich länger merken und besser speichern können.

5. Einführung ähnlicher Inhalte nicht parallel oder gleichzeitig
Die Ähnlichkeit neuer Informationen führt oft dazu, dass man sich weder an das eine noch an das andere erinnern kann. Der Erfolg des Übens ist also davon abhängig, dass z. B. nicht in der 1. Stunde englische Vokabeln gepaukt werden und in der 2. Stunde französische oder dass nicht gleichzeitig die Multiplikation und die Division von Brüchen eingeführt wird (Tipp 89).

Reihenfolge der Lerninhalte berücksichtigen

› Tipp 89

6. Mäßiges, aber regelmäßiges Üben
Der Übungserfolg wird nicht dadurch erhöht, dass sich der Schüler erst einen Tag vor der Klassenarbeit hinsetzt und den gesamten Unterrichtsstoff der Einheit wiederholt. Am nächsten Tag hat er einen Großteil davon schon wieder vergessen. Erfolg versprechend ist dagegen der rechtzeitige Beginn des Übens, damit man Zeit hat, in regelmäßigen Intervallen die Inhalte zu üben und sich einzuprägen (Tipp 94).

Regelmäßige Übungsintervalle

› Tipp 94

7. Berücksichtigung unterschiedlicher Lerntypen durch differenzierte Arbeitstechniken, -materialien und -medien
Einen vorgetragenen Text, der durch ein Bild oder einige Graphiken verdeutlicht wird, kann man sich viel besser merken als nur das gehörte Wort. Der größte Teil der Schüler übt dann am besten, wenn möglichst viele Sinne angesprochen werden. Daher ist es sinnvoll und hilfreich, im Unterricht und bei den Übungen die unterschiedlichen Lerntypen zu berücksichtigen und differenzierte Materialien und Medien einzusetzen (Tipp 9, 87).

Lerntypen berücksichtigen

› Tipp 9, 87

8. Regelmäßige Reaktivierung und praktische Anwendung des Gelernten
Was für den Fußballprofi oder den Konzertpianisten völlig klar ist – nämlich dass er seinen Beruf nur dann ausüben kann, wenn er regelmäßig übt –, muss auch den Schülern „in Fleisch und Blut" übergehen. Neues Wissen muss also immer wieder reaktiviert werden (nach zehn Minuten, nach einer Stunde, nach einem Tag, nach zwei Tagen, nach einer Woche usw.), denn sonst ist es nach kurzer Zeit schon wieder in Vergessenheit geraten.

Regelmäßige Reaktivierung und Anwendung des Gelernten

Achtung!

Das Üben der Schüler ist eine komplexe, in den gesamten Unterrichtsprozess eingebettete Tätigkeit. Deshalb ist keine einzige Übung denkbar, in der nicht immer mehrere der aufgelisteten Gesetzmäßigkeiten eine Rolle spielen dürfen.

Gleich mal ausprobieren

Nichts wird mit einem Mal gelernt! Führen Sie Übungsrhythmen ein: Wiederholungen in kürzeren und längeren Abständen sind äußerst wichtig.

Jank/Meyer empfehlen folgenden Wiederholungsrhythmus:

- erste Wiederholung nach etwa 15 Minuten,
- zweite Wiederholung nach etwa 2 Stunden,
- dritte Wiederholung nach etwa 12 Stunden,
- vierte Wiederholung nach etwa 2 Tagen,
- fünfte Wiederholung nach etwa 1 Woche,
- sechste Wiederholung nach etwa 2 Wochen.

(vgl. Jank/Meyer 2002, 184 f.)

18 ÜBUNGEN EVALUIEREN I

Denken und Handeln verbalisieren

Übungsstrategien spielen sich im Kopf ab und sind daher normalerweise nicht beobachtbar, sondern bedürfen der deutenden Interpretation. Es ist also notwendig, sie durch entsprechende Methoden explizit zu machen, d. h., Denken und Handeln müssen handlungsbegleitend oder nachfolgend verbalisiert werden.

Die folgende und die in Tipp 19 beschriebene Methode sind nur zwei der zahlreichen Möglichkeiten zur Bewusstmachung der eigenen Übungsstrategie:

Verbale Reflexion eines Denkprozesses

› Tipp 40

Bei der Methode des lauten Denkens (Tipp 40) geht es darum, nach erfolgreichem Abschluss einer Tätigkeit diese in ihrem Verlauf zu beschreiben. Diese Erfassung soll zeitlich unmittelbar nach dem oder am besten parallel zum eigentlichen Denkprozess erfolgen, weil sonst Vergessensprozesse einsetzen können.

Achtung!

Steht ein Schüler z. B. unter Druck, weil er Ärger mit seiner Freundin hatte, oder ist der Lärmpegel so hoch, dass man sein eigenes Wort kaum verstehen kann, dann sind die Aussagen kaum noch unverfälscht und verändern sich bei einer erneuten Besprechung. Geschieht das laute Denken in einer für alle angenehmen Atmosphäre, sind die Äußerungen authentisch und bieten eine gute Basis für die Verbalisierung der individuellen Übungsstrategien.

Gleich mal ausprobieren

Fordern Sie einen Schüler auf, die Gedanken, die er gerade beim Lösen einer Aufgabe hatte, in Worte zu fassen. Am leichtesten können die Schüler ihre Vorgehensweisen und Übungsstrategien formulieren, wenn sie mit ihrem eigenen Vorgehen Schwierigkeiten haben, oder wenn ihr Weg nicht zum erwünschten Ergebnis geführt hat.

Gedankenprotokoll

Es kann auch sinnvoll sein, die verbalisierten Gedanken zu protokollieren. Dafür gibt es verschiedene Möglichkeiten:
- parallel zum lauten Denken selbst Protokoll führen,
- zwei Mitschüler protokollieren die Gedankengänge,
- die lauten Gedanken mit einem Kassettenrekorder aufnehmen,
- Videoaufnahme (Das hat den Vorteil, dass auch Gestik und Mimik beobachtet und kritisch hinterfragt werden können.).

19

Neben der in Tipp 18 aufgeführten Methode des lauten Denkens, ist auch das Methodentagebuch eine gute Möglichkeit, sich die eigene Übungsstrategie bewusst zu machen und zur Diskussion zu stellen.

Methodentagebuch

Die Führung eines Methodentagebuchs verlangt von den Schülern eine nicht unerhebliche Leistung auf der methodischen Metaebene des Übungsprozesses: Die Erfassung des Denkprozesses wird nicht verbalisiert, sondern die Schüler notieren ihre Gedanken schon beim Üben – d.h. parallel zur fachlich-inhaltlichen Vorgehensweise. Das ist oft ungewohnt, erzielt aber, mit ein wenig Übung, die besten Ergebnisse.

Achtung!

Als wenig effektiv und daher nicht ratsam hat sich folgendes Vorgehen in Bezug auf die hier vorgestellte Methode erwiesen: Am Stundenende erhalten die Schüler ungefähr fünf Minuten Zeit, um ihre Gedanken zum Üben bzw. ihre Strategien aufzuschreiben.
Man hat festgestellt, dass bei dieser zeitlichen Trennung die Fachinhalte, die methodischen Vorgehensweisen und das individuelle Übungsverhalten nicht deutlich voneinander getrennt werden, sodass die Intention dieser Methode – die Erfassung des Denkprozesses – nicht in ausreichendem Maße realisiert werden konnte.

Methodentagebuch regelmäßig führen und kommentieren

Methodentagebücher eignen sich allerdings nur dann zur Erfassung und Effektivierung von Übungsstrategien, wenn sie regelmäßig und systematisch von den Schülern geschrieben und ebenso kontinuierlich vom Lehrer gelesen und kommentiert werden. Auch die gemeinsame Besprechung zu zweit oder in der Gruppe ist ein unverzichtbarer Bestandteil dieser Methode, denn nur so erhalten die Schüler ein angemessenes Feedback (Tipp 16, 38).

› Tipp 16, 38

Grundsätzlich stellt das Methodentagebuch eine geradezu ideale Möglichkeit dar, individuell und differenziert mit den Schülern zu kommunizieren und sie und ihre Übungsstrategien so besser kennenzulernen (Tipp 53). Noch dazu werden sich die Schüler der verwendeten Übungstechniken und -instrumente bewusst und lernen, selbst einzuschätzen, wann sie wie vorgehen sollten.

› Tipp 53

Gleich mal ausprobieren

Bitten Sie Ihre Schüler, für das Methodentagebuch eine DIN-A4-Kladde mit festem Einband anzulegen. Die Seiten werden so unterteilt, dass entweder die untere Hälfte des Heftes oder die rechte Hälfte durch einen deutlich markierten Strich abgetrennt wird. Hier halten die Schüler dann ihre Vorgehensweisen und Übungsstrategien getrennt von der fachlichen Bearbeitung schriftlich fest.

ÜBEN DURCH WIEDERHOLEN

20

Erfahrungsgemäß sind die Wiederholungen die am häufigsten praktizierten Übungen im Unterricht – im Regelfall als Stundeneröffnungsrituale.
Bleibt die – allerdings entscheidende – Frage, wie das Wiederholungsritual (Tipp 49) so gestaltet werden kann, dass es zum erfolgreichen Lernen und Üben beiträgt?

› Tipp 49

Effektiv wiederholen

Um wirklich effektiv zu wiederholen, gilt es, ein inhaltliches und ein methodisches Kriterium bei der Vorbereitung dieser Unterrichtsphase unbedingt zu beachten:
- Sind die zu wiederholenden Fachinhalte wirklich so wichtig für den weiteren Verlauf des Unterrichts, dass eine Wiederholung unbedingt notwendig ist? Oder dient die Wiederholung lediglich der Disziplinierung?
- Kann durch ein bestimmtes methodisches Vorgehen an ein grundsätzliches Interesse der Schüler angeknüpft bzw. kann dieses Interesse geweckt werden?

Achtung!

Zwei weitere grundsätzliche didaktische Fragen sollte man während der Vorbereitung klären:
Sollen einzelne Schüler ganz gezielt das Gelernte wiederholen, um z.B. vorhandene Defizite auszugleichen? Muss also die Art und Weise der Wiederholung auf Einzelne zugeschnitten sein? Oder ist es sinnvoller, die Wiederholung für die ganze Klasse offenzulassen?

Erfahrungsgemäß kann es sinnvoll sein, die Schüler in die Vorbereitungen für die Wiederholungen einzubeziehen.

Gleich mal ausprobieren

Angenommen, die Einstiegswiederholung bildet die Voraussetzung für die weitere Stundengestaltung, dann kann es interessant und motivierend für die Schüler sein, das Gelernte z.B.

- in einen neuen Sachzusammenhang zu stellen,
- auf eine Anwendungssituation zu beziehen,
- mit einem Forschungsauftrag zu verbinden oder
- einer Fehlerquellensuche zu unterziehen.

Üben durch Anwenden

21

Gelerntes kann erst dann angewandt werden, wenn es mit älteren individuellen Wissensbeständen verknüpft wird.

1. Wiederholen
2. Festigen
3. Anwenden

„Die Anwendung setzt mehr voraus als die Wiederholung. Um anwenden zu können, muss man bereits wiederholt und gefestigt haben. Die beim Wiederholen gefestigten Kenntnisse und beim Üben entwickelten Fähigkeiten und Fertigkeiten müssen beim Anwenden in neuen Zusammenhängen aktualisiert und schöpferisch umgesetzt werden. [...] Jedes Anwenden ist gleichzeitig ein Wiederholen von Wissen. Das alte Wissen muss mit der neuen Anwendungsaufgabe so in Zusammenhang gebracht werden, dass mit seiner Hilfe die neue Aufgabe bewältigt wird. Insofern geht das Anwenden über das bloße Reproduzieren von Wissen hinaus.“ (Fischer/Michael 1973, 43)

Wissenserweiterung und Leistungssteigerung durch Anwendung

Viele Pädagogen bezeichnen die Anwendung als Krönung oder Ziel ihres Unterrichts. Auch sie ist eine Art der Übung, denn bei der Anwendung werden die zur Bearbeitung eines Problems notwendigen Fähigkeiten und Fertigkeiten vervollkommnet und gefestigt. Erst durch das Anwenden wird das Gelernte im Gedächtnis behalten, d. h. im Langzeitgedächtnis gespeichert (Tipp 16). Das Wissen wird dadurch erweitert und die individuelle Leistung verbessert. In der Anwendung festigt sich das Gelernte, da es mit individuellen, älteren Wissensbeständen verknüpft werden muss.

› Tipp 16

Anwenden bedeutet im weitesten Sinne auch Handeln. Diese Erkenntnis ist in den letzten Jahren auch zu den Mitgliedern vieler Rahmenrichtlinienkommissionen vorgedrungen und hat z. B. zu folgender Formulierung geführt: „Handelnd erworbenes Wissen ist dauerhafter als kognitiv vermitteltes.“ (RRL Politik, Sek. II, Niedersachsen)

Achtung!

Anwendungen sollten für Schüler in sinnvolle Zusammenhänge eingebunden sein, mit denen sie auch im Alltag konfrontiert werden.
Das Prinzip der anwendenden Übungen sollte nicht in Banalitäten abgleiten, sondern stets „mit Augenmaß“ vorgenommen werden. Keine Anwendungen um jeden Preis – dann lieber fachinterne Bezüge herstellen.

Üben durch Vertiefen

22

Die vertiefende Übung verstärkt die Intensität der Sachverhalte, sie klärt Sachzusammenhänge und stellt Assoziationen zu alten Wissensbeständen her. Sie geht damit von der bloßen Oberfläche des (auswendig) gelernten Wissens in die Tiefe, stellt Strukturen und Vernetzungen mit anderen Wissensbeständen her.
Für die Erarbeitung von Schlüsselqualifikationen ist die Vertiefung ein unverzichtbarer Bestandteil. Wie aber gelangen Schüler zu dieser Vertiefung?

Beliebigkeit und Zufälligkeit des Übens

Die Tatsache, dass es kein verbindliches Übungs- und Vertiefungscurriculum gibt, ist ein Grund für die Beliebigkeit und Zufälligkeit des Übens: Derjenige Schüler, der geniale Fähigkeiten im Bereich der IT-Technik entwickelt und nebenbei schon mit sechzehn Jahren eine Softwarefirma betreibt, erlangt dieses vertiefte Wissen genauso zufällig und weitgehend von der Schule unbeeinflusst wie derjenige Schüler, der sich zum schauspielerischen Allroundtalent gemausert hat – in beiden Fällen steuert allein das subjektive Interesse den Wunsch nach Vertiefung auf einem bestimmten Gebiet.

„Der methodische Gang des Unterrichts erfordert einen regelmäßigen Wechsel von inhaltlicher Vertiefung und methodischer Besinnung. Die Vertiefung kann als beispielhafte Veranschaulichung, als Konkretion, als aktives Handeln, als meditierendes Versenken und gründliches Studieren des Details verstanden werden. Die Besinnung lädt ein zur Reflexion, zur abstrahierenden Anstrengung des Begriffs, zum Vergleich und zum Rückgewinn der inneren Ruhe.“ (Meyer 1988, 168)

Durch methodische Besinnung zur Vertiefung

Durch die methodisch strukturierte und gelenkte Besinnung im Unterricht können sich neue Problemstellungen und Zusammenhänge entwickeln, die in der Folge zu weiteren Vertiefungen führen – unabhängig von den eigenen Interessen.

Um die Ecke gedacht

Die Übung als Vertiefung konkretisiert sich im schulischen Lernen durch den Begriff der Zielstrebigkeit. Schüler und Lehrer haben ein konkretes Ziel vor Augen und wollen dieses auch erreichen: Extrinsisch motiviert – die Leistungsverbesserung, intrinsisch motiviert – die Problemlösung und -vernetzung.

23 Üben durch Transfer

Vertiefung (Tipp 22) und Transfer gehören in Bezug auf das praktische Lernen und Üben untrennbar zusammen; die hier in den Tipps vorgenommene Trennung ist daher eine rein analytische.

› Tipp 22

Wissenstransfer zur Problemlösung

Transfer bedeutet zunächst einmal, Gelerntes auf neue Probleme zu übertragen, um diese lösen zu können.

Es macht aber pädagogisch keinen Sinn, diesen Begriff so eng zu fassen. Vielmehr sollte erst dann von Transfer gesprochen werden, wenn folgende Bedingung erfüllt ist: Einmal gelernte Methoden und Schemata werden auf neue Situationen in der Weise angewandt, dass die alten Strukturen zwar erhalten bleiben, durch die Neuartigkeit des zu lösenden Problems aber neue und weiterführende entstehen.

Transfer fördert Strukturneubildung

Um die Ecke gedacht

Die Transferleistung kann nur erfolgreich sein, wenn aufseiten des Schülers folgende Bedingungen erfüllt sind:

- Das bereits erkannte Problem darf nicht nur in seiner Oberflächlichkeit und Einmaligkeit, sondern muss in seiner Grundstruktur begriffen worden sein.
- Dementsprechend dürfen die Erfolg versprechenden Lösungsstrategien nicht nur auswendig gelernt, sondern müssen in ihrem Prinzip und ihrer Vernetzung zu ähnlich gelagerten Problemlösungen erfasst werden (Tipp 8).

› Tipp 8

Achtung!

Das neu zu lösende Transfer-Problem darf nicht nur in seiner phänomenologischen Einzigartigkeit betrachtet werden, sondern muss als strukturverwandte Aufgabenstellung erkannt werden.

Transferübungen schaffen Selbstvertrauen

Aus einem so gefassten Transferbegriff folgt, dass der Schüler durch diesen Prozess des Übertragens deutlich an Selbstvertrauen und Zutrauen in seine eigenen Kompetenzen gewinnt. Er erweitert seinen Handlungsspielraum, bearbeitet auftretende neue Probleme immer souveräner und wird zunehmend selbstständiger und emanzipierter.

Gleich mal ausprobieren

› Tipp 5

Verbannen Sie das transferierende Üben nicht in den nachmittäglichen Hausaufgabenbereich (Tipp 5) – führen Sie die Schüler durch Übungen langsam dahin, die Möglichkeiten und die Vorgehensweisen des Transfers kennenzulernen: Leiten Sie die Schüler an, eigene Strategien zu entwickeln, um individuelle Lösungen finden, und stehen Sie im Falle eines drohenden Scheiterns als kompetente Hilfe zur Verfügung.

Üben durch Lernkontrollen

24

Alle notwendigen Lernkontrollen und -überprüfungen sind fast ausschließlich ergebnisorientiert. Unabhängig davon, ob es sich um schriftliche oder mündliche Prüfungen handelt – immer geht es um Ergebnisse, Resultate, vorzuführende Fähigkeiten und Fertigkeiten.

› Tipp 7

Parallel zur Implementierung eines Übungscurriculums (Tipp 7) sollte deshalb darüber nachgedacht werden, Lernkontrollen auch prozessorientiert zu gestalten. Nicht nur die Produkte werden kontrolliert, sondern der Lernprozess wird reflektiert.

Prozessorientierte Lernkontrolle

Grundlage für den Aufbau neuen Wissens sind immer die Vorkenntnisse und das Vorverständnis der Schüler, ebenso sollten die verschiedenen Lernkonzeptionen berücksichtigt werden. Weiterhin ist es wichtig, dass die Schüler die Relevanz und den Sinn der zu erlernenden Unterrichtsinhalte erkennen und nachvollziehen können, sie müssen ihnen deutlich gemacht werden: Lernaktivitäten und Lernprozesse der Schüler müssen betont und sichtbar gemacht werden (Tipp 18,19, 53).

Transparente Lernaktivitäten und Lernprozesse

› Tipp 18, 19, 53

Daher gilt:

- Routinebildung (Tipp 3), Anwendung, Vertiefung und Transfer sollen fester Unterrichtsbestandteil sein, denn Schüler sind nicht per se in der Lage, sie umzusetzen.
- Schüler müssen die Prinzipien der Selbstdiagnose und der Selbstkontrolle kennenlernen und umsetzen, denn nur so werden sie in der Lage sein, das individuelle Lernen und Üben zu kontrollieren und zu korrigieren (Tipp 39, 87).

› Tipp 3

› Tipp 39, 87

Achtung!

Eine in dieser Form prozessorientierte Kontrolle des Lernfortschritts bedeutet für die Unterrichtsgestaltung, dass Lern- und Übungsstrategien in den verschiedenen Unterrichtsfächern als Thema behandelt werden müssen. Die Schüler sollen so lernen, unterschiedliche Vorgehensweisen, ihre Effektivität und ihren angemessenen Einsatz zu hinterfragen und zu beurteilen, um individuelle Strategien entwickeln und einüben können. Als letztes und oberstes Ziel soll die Selbstkontrolle an die Stelle der Fremdkontrolle durch den Lehrer treten.

Um die Ecke gedacht

Handlungsorientierter Unterricht, der zum aktiven Lernen auffordert und genügend Möglichkeiten zum Üben bietet, ist die Voraussetzung dafür, dass die Schüler in zunehmendem Maße Verantwortung für ihr eigenes Lernen übernehmen.

25 Üben intelligent gestalten

Geübt werden kann erst, wenn eine Aneignungs- und Erarbeitungsphase ganz oder zumindest fast abgeschlossen ist. Durch das Üben findet eine Anreicherung des Könnens statt, die nur zum Teil durch den vorausgegangenen Unterricht zu erklären ist und die auch nur teilweise bewusst geschieht.

Der Prozess des Übens geht über die Sicherung der Ergebnisse aus Aneignungs- und Erarbeitungsphasen hinaus. Das Sprichwort „Übung macht den Meister“ stimmt aber nicht ganz – denn nur richtiges Üben oder intelligentes Üben macht den Meister!

Übungsphasen intelligent gestalten

› Tipp 93

› Tipp 34

Übungsphasen des Unterrichts sind immer dann intelligent gestaltet,

- wenn regelmäßig und in richtigen Zeitabständen geübt wird (Tipp 93),
- wenn die Übungsaufgaben in Bezug auf die behandelten Lerninhalte formuliert werden (Tipp 34),
- wenn die Schüler Übungsstrategien und -kompetenzen entwickeln und nutzen können und
- wenn die Lehrer passgenaue und gezielte Hilfestellungen beim Üben geben.

Kurz: Erfolgreiches Üben erfordert ausreichend Zeit, Motivation, Übungsstrategien und Anleitungen oder Hilfestellungen zur Umsetzung.

Kompetent und intelligent üben

Für unterschiedliche Übungszwecke sind auch unterschiedliche Kompetenzen erforderlich, damit intelligent geübt werden kann:

- für Routinehandlungen: Bereitschaft und Ausdauer für „Auswendiglernen auf den Punkt genau“,
- für die Leistungsverbesserung im Sinne von anspruchsvolleren Lernzielen: Lern- und Übungsstrategien,
- für soziale Lernprozesse: Kooperations- und Kommunikationsfähigkeit sowie Einfühlungsvermögen.

Gleich mal ausprobieren

In offenen Unterrichtsphasen gelingt intelligentes Üben deutlich besser. Übertragen Sie die Erfahrungen aus offenen Situationen auf geschlossene:

- Erweitern Sie den 45-Minuten-Takt auf 60 oder 90 Minuten (mehr Zeit zum Üben).
- Stellen Sie differenzierte Übungsaufgaben (Tipp 28, 32).
- Verbinden Sie das Üben mit positiven Emotionen.
- Üben Sie zur richtigen Zeit.
- Verschieben Sie das Üben nicht auf die Hausaufgaben.

› Tipp 28, 32

26 Indikatoren für intelligentes Üben

Intelligent gestaltete Übungsphasen sind an folgenden Merkmalen zu erkennen:

- Es wird oft, aber nur kurz geübt. Dafür steht immer Zeit zur Verfügung.
- Es gibt gemeinsam vereinbarte, vom Lehrer und den Schülern eingehaltene Regeln (z. B. zum Zugriff auf knappe Materialien, zur Lautstärke, zum Herumlaufen usw.).
- Es herrscht eine angenehm ruhige und konzentrierte Arbeitsatmosphäre (Tipp 36).
- Es gibt nur wenige Unterrichtsstörungen; dort, wo sie doch auftreten, werden sie von Lehrern und Schülern diskret und beiläufig unterbunden.
- Die Schüler haben verstanden, was sie üben sollen. Sollte doch etwas unklar sein, wenden sie sich an ihre Mitschüler oder den Lehrer. Es gibt personen-, ziel- und themen- oder methodendifferenzierte Übungsaufträge.
- Es gibt ansprechende, sich selbst erklärende Übungsmaterialien. Die Schüler haben ihre Arbeitsutensilien (Materialien, Hefte, Lernmittel) dabei (Tipp 83).
- Die Materialien erlauben eine Kontrolle des Lernerfolgs – allein oder im Tandem (Tipp 39).
- Der Lehrer beobachtet die Übungsversuche und gibt einzelnen Schülern fachliche Hilfestellung.

› Tipp 36
› Tipp 83
› Tipp 39

- Die Übungsleistungen der Schüler werden anerkannt.
- Die Hausaufgaben werden kontrolliert und gewürdigt.
- Die Schüler festigen ihr Fachwissen und setzen es im weiteren Unterricht ein.
- Das Vertrauen der Schüler in das eigene Können wächst, sie haben Erfolgserlebnisse.
- Die Schüler entwickeln Lernstrategien und wenden sie auch in Aneignungs- und Erarbeitungsphasen an.
- Die Schüler denken über ihr eigenes Lernen nach und entwickeln metakognitive Kompetenz (Tipp 8).

› Tipp 8

(vgl. dazu: Meyer 2004, 106)

Gleich mal ausprobieren

Welche dieser Indikatoren sind in Ihrem Unterricht „gängige Praxis"? Entscheiden Sie selbst: Wie viele Indikatoren möchten Sie in Ihrem Unterricht umsetzen und bis wann?

27 ÜBUNGSSTRATEGIEN ENTWICKELN

Beim Üben anspruchsvollerer Lerninhalte benötigen die Schüler Lernstrategien, die der Entfaltung, der Reduktion und der Vereinfachung des zu Lernenden dienen.
Nur Schüler, die viele unterschiedliche und für sie effektive Übungsstrategien beherrschen, wissen, wie man richtig lernt.

Entfaltungsstrategien: neues Wissen anwenden

- *Entfaltungsstrategien* helfen dem Schüler bei der Ausarbeitung und Anreicherung neu erworbenen Wissens,
  - durch Beispiele zu abstrakten Sachverhalten,
  - durch Bilder, Analogien oder Metaphern zu einem Sachverhalt,
  - durch Formulierung des Sachverhalts oder einer Arbeitsdefinition in eigenen Worten,
  - durch Ausformulierung eines Gegenteils oder eines Widerspruchs und
  - durch die Verknüpfung von neuen Inhalten mit alten Wissensbeständen (vernetzendes Lernen).

- *Kategorisierungsstrategien* stellen Bezüge innerhalb des neu zu lernenden Inhalts her. Dabei werden Oberbegriffe oder Kategorien gebildet bzw. strukturiert,
  - indem das Lernpensum in kleinere Teileinheiten unterteilt wird,
  - indem lange Texte oder Erläuterungen zu einigen wenigen textimmanenten Aussagen oder Thesen zusammengefasst werden (Tipp 67),
  - indem Techniken eingesetzt werden, mit deren Hilfe ein Text strukturiert visualisiert werden kann (z. B. Mindmaps, Cluster usw. (Tipp 71, 73)).
- *Kontrollstrategien* eignen sich zur Evaluation des eigenen Lernweges:
  - Überprüfung der eigenen Kategorisierungsstrategien,
  - Kontrolle des eigenen Konstrukts,
  - selbstständige Fehlerfindung und Fehlerkorrektur,
  - Überdenken und Korrektur der eigenen Lernplanung.

Kategorisierungsstrategien: Wissensbezüge herstellen

› Tipp 67

› Tipp 71, 73

Kontrollstrategien: Lernwegüberprüfung

Gleich mal ausprobieren

Sie alle sind Profis im Unterrichten – welche Erfahrungen haben Sie im Laufe Ihrer Unterrichtszeit gesammelt?
Ergänzen Sie die oben genannten Übungsstrategien durch die von Ihnen bisher praktizierten, und machen Sie Ihre Schüler auch mit den Ihnen bisher nicht bekannten Strategien vertraut.

Passgenaue Übungsaufgaben stellen 28

Die heterogene Zusammensetzung von Lerngruppen hat zugenommen. Dadurch entstehen insbesondere in Übungsphasen Probleme:

- Die 30 Schüler einer Lerngruppe verfügen über unterschiedliche Wissensstände. Wie sehen diese aus?
- Schüler sollten nichts üben, was sie schon können oder bearbeitet haben.
- Differenzierte Aufgabenstellungen sind zeitintensiv.

Gleich mal ausprobieren

Um relativ passgenaue Übungsaufträge formulieren zu können, verschaffen Sie sich zunächst einen Überblick über den Lernstand Ihrer Schüler.

Damit sich der Arbeitsaufwand in Grenzen hält, empfiehlt sich, bezüglich der Einteilung in Lerngruppen, die schulorganisatorische Differenzierung, d.h. eine Aufteilung der Lerngruppe in z.B. vier Leistungsgruppen, denen Sie vier unterschiedliche Übungen zuweisen (Tipp 32, 33).

› Tipp 32, 33

Sinnstiftend üben

29

Sinnstiftendes Üben gelingt immer dann besonders gut, wenn

- kooperative Lernformen eingesetzt werden (Tipp 33),
- Schüler Spaß am Thema haben,
- die methodischen Kompetenzen der Schüler umgesetzt werden,
- der Zusammenhang mit den Unterrichtsinhalten erkennbar ist,
- die Übungsaufgaben passgenau (Tipp 28) sind und
- das Üben lustbetont vonstatten geht.

› Tipp 33
› Tipp 28

Gleich mal ausprobieren

Nutzen Sie die Vorteile kooperativer Lernformen und initiieren Sie Partner- oder Kleingruppenarbeit, setzen Sie Gruppenpuzzles ein oder lassen Sie die Schüler an Lerntheken oder in Lernzirkeln arbeiten (Tipp 95).

› Tipp 95

Helfen Sie Ihren Schülern dabei, das Üben als sinnvoll und bereichernd zu erfahren. Eine gute Vorbereitung sorgt dafür, dass alle – auch und gerade die Lernschwächeren – Erfolgserlebnisse beim Üben haben.

Halten Sie hin und wieder mit Ihren Schülern eine Klassenkonferenz zum Thema „Übungs- und Lernstrategien“ ab, oder geben Sie ihnen den Auftrag, sich selbst Übungen für ihre Mitschüler auszudenken.

Achtung!

Vermeiden Sie generell jede verbale Diskreditierung des Übens als „stumpf“ oder „langweilig“.

Um die Ecke gedacht

Ein Vorschlag von Hilbert Meyer, mit dem wir in unserem Schulalltag nur positive Erfahrungen in Bezug auf sinnstiftendes Üben gemacht haben: Einmal im Jahr organisieren wir ein Übungs-Festival, auf dem die pfiffigsten, selbst getesteten und auf einem Poster dokumentierten Übungs-Ideen prämiert werden.

Gutes Lernklima schaffen

30

Ein gutes Lernklima ist deshalb so bedeutend, weil es zu einem reibungslosen und somit erfolgreicheren Lernen führt.

Sicherlich sind für ein übungsförderliches Klima zahlreiche Faktoren (Tipp 31–39) von Belang, doch besonders wichtig sind die folgenden:

› Tipp 31–39

Faktoren für ein übungsförderliches Klima

- Lehrerrolle
- Gruppenzusammensetzung
- Aufgabenkonstruktion
- Übungsvielfalt
- Lernakustik
- Umgang mit Fehlern

Achtung!

Auch wenn diese Merkmale zunächst anspruchslos erscheinen – weil sie von jeder Lehrkraft eigentlich als Voraussetzung hingenommen werden – lohnt sich doch das kritische Hinterfragen der eigenen Unterrichtssituation, um eventuelle Beeinflussungen in die falsche Richtung zu vermeiden bzw. gar nicht auftauchen zu lassen.

31 Lehrerrolle klären

Die Lehrerrolle bzw. der Einfluss der Lehrkraft auf das Üben und Lernen der Schüler ist ein Bereich, der in vielerlei Hinsicht unterschätzt wird bzw. oftmals wenig Beachtung in der Analyse des Unterrichts findet.

Lehrer als Dozent, Moderator und Berater

In der Rolle des Dozenten ist der Lehrer derjenige, der Wissen vermittelt und den gesamten Lernprozess strukturiert und plant.
Ebenso kann er als Moderator fungieren, der den Schülern zur Wahrung einer angenehmen Lernatmosphäre beim Üben mit Rat und Tat zur Seite steht und sie motiviert.

› Tipp 30, 85

Achtung!

Jedes Üben verläuft in der Regel umso erfolgreicher, je mehr Aufmerksamkeit auf das Lernklima im Klassenraum gerichtet wird (Tipp 30, 85).

Außerdem kann der Lehrer die Rolle des Beraters übernehmen, der um die Talente seines Schülers weiß und dessen Umfeld kennt.

Gleich mal ausprobieren

Geben Sie Ihren Schülern eine Übungsaufgabe, mit der sie über eine längere Phase selbstständig beschäftigt sind. Beobachten Sie Ihr eigenes Verhalten den Schülern gegenüber hinsichtlich folgender Kriterien:

- In welcher Rolle helfen Sie den Schülern? Als anleitender und wegbegleitender Moderator oder als allwissender Fachmann?
- Wie intensiv wurde die Übung von Ihnen analysiert? Kann auf jede Frage sofort reagiert werden oder müssen Sie sich noch einarbeiten?
- Werden alternative Lösungswege zugelassen?
- Werden Fehler analysiert und besprochen (Tipp 37)?
- Werden Fehler bewertet?

› Tipp 37

Die Analyse der Lehrerrolle in Übungsphasen kann auch von den Schülern übernommen werden: In Form eines Fragebogens können die Schüler vorformulierte Fragen in beispielsweise einem sechsgeteilten Raster (Einstufung ins Notensystem) beantworten und ihrem Lehrer entsprechende Rückmeldung über sein Verhalten beim Üben geben.
Anschließend kann überlegt werden, in welchen Bereichen eventuell noch anders gearbeitet bzw. wie die Lehrerrolle für ein noch effektiveres Üben verändert werden kann.

Differenzierungsmöglichkeiten im Unterricht

32

Die Möglichkeiten einer Differenzierung während der Übungsphasen sind vielfältig und basieren auf dem individuellen Leistungs- und Lernverhalten der Schüler.
So besteht beispielsweise anhand einer durchdachten Gruppenzusammensetzung (Tipp 33) die Möglichkeit einer methodischen Differenzierung.
Mithilfe der Analyse von Aufgabenkonstruktionen können auf der didaktischen Ebene individuelle Übungsvarianten (Tipp 34, 35) angeboten werden.

› Tipp 33

› Tipp 34, 35

Gleich mal ausprobieren

Der nachfolgende Kriterienkatalog soll helfen, die Möglichkeiten einer Differenzierung auch während der Übungsphasen zuzulassen und weiter zu fördern:

- Werden unterschiedliche Typen von Übungen angeboten, die den verschiedenen Lerntypen gerecht werden?
- Welches Anforderungsniveau hat die Übung?
- Sind Differenzierungsmöglichkeiten vorhanden, kann die Übung vereinfacht oder erweitert werden?
- Kann die Übung in dem vom Lehrer vorgegebenen Zeitrahmen von allen Schülern erfolgreich bearbeitet werden?
- Lässt die Übung eine methodische Differenzierung im Sinne einer gezielten Gruppenzusammensetzung (nach Leistung, Neigung, Geschlecht usw.) zu?

Lerngruppen bilden

33

Effektives Üben kann durch die gezielte Zusammensetzung von Lerngruppen weiter gefördert werden.

Achtung!

Die Zusammensetzung von Übungsgruppen oder auch Übungspartnern sollte niemals willkürlich, sondern immer mit einer bestimmten Zielsetzung erfolgen. Entsprechend sollte die Lehrkraft sich vorher die Frage beantworten können, was der einzelne Schüler erreichen kann und soll, wenn er die Übungsaufgaben in Einzel-, Partner- oder Gruppenarbeit bewältigt.

Gruppenkriterien

Die Partner- und Gruppenzusammensetzung kann nach folgenden Kriterien erfolgen:

- nach Lernvoraussetzung (leistungsheterogene/leistungshomogene Gruppen),
- interessenbezogen (in Form von verschiedenen Übungsinhalten),
- nach Lerntypen (Üben durch schriftliche Bearbeitung eines Arbeitsblattes oder durch Hören, Kommunizieren usw.),
- sozial und integrativ,
- geschlechtsspezifisch,
- Multikulti,
- Einbindung von Außenseitern.

Gleich mal ausprobieren

Wenn Sie das individuelle Lerntempo ihrer Schüler kennen und die vorliegende Übungsaufgabe in Partnerarbeit bewältigt werden soll, bestimmen Sie die Übungspartner, indem Sie Schüler mit ähnlichem Lerntempo zusammenarbeiten lassen.

34

Der Lernerfolg der Schüler, der durch die Übung erreicht werden soll, ist meistens abhängig von der Konstruktion der Aufgaben.

Achtung!

Wenn bei der Auswahl der Übung nicht vorher bedacht wird, welche Merkmale damit oder dadurch angesprochen werden bzw. welche Merkmale die Übung überhaupt beinhaltet, dann können der Übungscharakter und der dadurch intendierte Lernerfolg gar nicht erreicht werden.

Kriterien für Übungsaufgaben

Daher sollten die Übungsaufgaben auf folgende Kriterien untersucht und den Schülern daraus folgend individuelle Übungsstrategien angeboten werden:

- Welchen Schwierigkeitsgrad hat die Übung?
- Kann die Übung auf das individuelle Lernniveau der Schüler (nach oben und unten) angepasst werden?
- Orientiert sich die Aufgabenstellung an der Lebenswelt der Schüler?
- Werden mit der Übung unterschiedliche Lerntypen angesprochen (Tipp 9)?
- Lässt die Formulierung des Arbeitsauftrages individuelle Lern- und Lösungswege zu?
- Werden eventuelle Hilfen, Hinweise und Tipps usw. eingebaut? Wenn ja, an welcher Stelle?
- Lässt die Übung differenzierende Übungsmöglichkeiten im Sinne einer thematischen Vertiefung zu (Tipp 22)?

› Tipp 9

› Tipp 22

Gleich mal ausprobieren

Anpassung an das individuelle Leistungsniveau

Die Schüler sollen einen eigenen Text zum Thema „My holidays“ schreiben. Diese Aufgabe ist frei und offen formuliert, sodass sie die individuellen Möglichkeiten der Schüler berücksichtigt und zulässt. Eine Orientierung am Endprodukt

besteht insofern, als jeder Schüler eigene Sätze seinen eigenen Möglichkeiten entsprechend produziert.
Die Aufgabe ermöglicht es der Lehrkraft, leistungsschwächeren Schülern Unterstützung zu bieten, indem beispielsweise Satzanfänge formuliert oder sogar Lückentexte angeboten werden, die von lernschwachen Schüler ausgefüllt werden können.

Auf Übungsvielfalt achten

35

„Übung macht den Meister", heißt es so schön, und an diesem Sprichwort scheint viel dran zu sein. Jedoch ist Übung nicht gleich Übung. Auf die Übungsvielfalt kommt es an! Was nützen Übungen, die immer wieder eingesetzt werden? Tritt dieser Fall ein, sind Schüler meistens gar nicht mehr bei der Sache und winken schon genervt ab, bevor sie überhaupt mit der Bearbeitung der Aufgabe begonnen haben, weil die Übung in ähnlicher Form schon viel zu oft vorgekommen ist.

Türklinkendidaktik

Bei der „Türklinkendidaktik" hat die Lehrkraft es schwer, die Übungen vorher lange zu analysieren. Auch im Unterrichtsalltag, wenn neue Übungen ausgewählt werden, fehlt manchmal der nötige Überblick, um die verschiedenen Übungen auf Vielfältigkeit zu kontrollieren und auf Wiederholungen aufmerksam zu werden.

Gleich mal ausprobieren

Versuchen Sie, die verschiedenen Übungsmöglichkeiten schon bei der Vorbereitung der Unterrichtseinheiten anzusehen und mental abzuspeichern. Wahlweise können Sie auch die entsprechenden Seiten mit Klebestreifen markieren, damit eine Anhäufung eines Übungstypus während einer Unterrichtseinheit und ein daraus folgender Übungsverdruss vonseiten der Schüler gar nicht erst aufkommen können.

Achtung!

Oftmals bekommen Schüler in einer Übungsphase Zusatzmaterialien, wenn sie mit einer bestimmten Übung fertig sind. Vermeiden Sie auch hier unbedingt – sofern die erste Übung erfolgreich gelöst wurde – denselben Übungstypus noch einmal bearbeiten zu lassen. Entweder muss dann inhaltlich anders gearbeitet oder der Übungscharakter verändert werden (Tipp 34)!

› Tipp 34

Für Ruhe sorgen 36

Zu einem übungsförderlichen Klima (Tipp 30) gehört auch eine moderate Lernlautstärke im Klassenraum. Dennoch stellt ein zu hoher Lernpegel ein ständiges Dilemma im Unterrichtsalltag dar.

› Tipp 30

Konzentration erfordert Ruhe

Als Lehrkraft denkt man manchmal, dass Schüler diese „Ruhe" beim Lernen gar nicht nötig haben und nur man selbst von dieser zu lauten Akustik im Klassenraum, erzeugt durch Geräusche wie Reden, Hantieren mit Gegenständen, Aufstehen, Kippeln usw., genervt ist. Wenn man die Schüler dann aber fragt, gestehen sie, dass sie sich aufgrund der Lautstärke im Klassenraum eigentlich nicht konzentrieren können.

Während der Übungsphasen im Unterricht sollte zunächst analysiert werden, in welcher Sozialform die Übung stattfindet.

Redepausen einhalten

Wird sie in Einzelarbeit durchgeführt, sollte unbedingt darauf geachtet werden, dass strikte „Redepausen" eingehalten werden. Diese Phase kann als „Sendepause" bezeichnet werden. Wenn der Tischnachbar z. B. dennoch um Hilfe gebeten wird, dann nur mimisch oder es muss gewartet werden, bis die ungefähr drei Minuten (oder kürzer/länger) der Sendepause um sind.

Tipp 33

Kommunikationsform vereinbaren

Wird die Übungsphase in einer kooperativen Sozialform (Tipp 33) durchgeführt, darf natürlich gesprochen werden. Dennoch sollten die Schüler darauf aufmerksam gemacht werden, dass die Kommunikation im Flüsterton bzw. in einer moderaten Lautstärke stattfinden soll.

Um die Ecke gedacht

Während dieser Übungsphasen eignet sich ein „kritischer Freund": Ein oder mehrere Schüler, die zusätzlich zur Bearbeitung der Übung ein Auge auf die Klassenkameraden hinsichtlich Gesprächslautstärke usw. haben und ihre Beobachtungen später vorstellen und auswerten.
Die Kritik vom Mitschüler zu hören, ist meist effektiver als das ständige Nörgeln der Lehrkraft mit den Worten: „Ihr seid wieder mal zu laut gewesen."

Stillarbeitsphasen zur Beruhigung

Tipp 90

Erfahrungsgemäß kann man sagen, dass die Schüler mit zunehmender Dauer des Schultags „aufdrehen" und dies auch mit dem Klingelzeichen, als Rückruf in den Unterricht, nicht gemildert wird. Besonders an Ganztagsschulen, die häufig längere Mittagspausen haben, kommen die Schüler eher emotionsgeladen in den Unterricht zurück, als dass sie „erholt" sind und sich beruhigt haben. Kurze Übungen in Stillarbeit oder auch kurze Rituale (Tipp 90) eignen sich dann als Auf- und/oder Abwärmphase, um den Lärmpegel zu normalisieren und die Schüler ein wenig zu beruhigen und geistig zurückzuholen.

Gleich mal ausprobieren

Ruhephase nach einer längeren Pause

Sobald die Schüler die Klasse betreten, werden sie durch eine Geste vom Lehrer gebeten „unterzutauchen". Dies bedeutet, die Arme auf dem Tisch zu verschränken und den Kopf darauf zu legen. Die Übung kann mit Atemübungen oder kleinen Phantasiereisen erweitert werden. Oftmals reicht es aber, diese Ruhe einfach für ein paar Sekunden einzufordern.

37

Man sollte nicht nur von Lernerfolg sprechen, wenn eine Übungsaufgabe erfolgreich bearbeitet wurde, sondern auch oder besonders dann, wenn Fehler gemacht wurden, die von Schülern und Lehrern entdeckt, ausgewertet und besprochen werden.

„Aus Fehlern lernt man“

„Aus Fehlern wird man klug“ oder „Aus Fehlern lernt man“ – an diesen Sprichwörtern ist in der Tat sehr viel Wahres dran. Sie können bzw. sollten tagtäglich im Unterricht Anwendung finden!

Um die Ecke gedacht

Dass Fehler gemacht werden, ist nicht von der Persönlichkeit abhängig, sondern ein menschliches Merkmal – und dies sollte in der Schule als Lernchance gesehen werden!

Toleranter Umgang mit Fehlern

Ein toleranter Umgang mit Fehlern sollte bereits in den unteren Jahrgängen selbstverständlich sein. Den Schülern sollte vermittelt werden, dass Fehler eine positive Erfahrung und somit eine weitere Lernchance darstellen.

Von der Lehrkraft erfordert dies einerseits einen toleranten Umgang mit alternativen Lösungswegen und andererseits eine angemessene pädagogische Reaktion auf „falsche“ Antworten (Tipp 38).

› Tipp 38

Gleich mal ausprobieren

Fehlerübung

Nach einer Übungsphase werden die Arbeitsblätter oder Ähnliches eingesammelt. Die Lehrkraft sucht aus den falsch gelösten Aufgaben die „schönsten“ Fehler heraus und erstellt ein neues Arbeitsblatt, eine Folie oder schreibt die ausgewählten Sätze an die Tafel. Gemeinsam sollen die Schüler die Fehler entdecken und diese anschließend besprechen und korrigieren.

Manche Übungen eignen sich auch zur Fehleranalyse: Warum hat der Schüler wohl diesen Fehler gemacht?

Achtung!

Vermeiden Sie stets, Ihre Schüler bloßzustellen. Dies kann schnell passieren, wenn der Fehler, den ein Schüler gemacht hat, über Minuten an der Tafel „durchgekaut" wird. Eine Alternative stellen das Einsammeln von Übungsaufgaben und das Herausschreiben von anonymen Beispielsätzen dar, die dann zu einem späteren Zeitpunkt in der Klasse besprochen werden.

Rückmeldung geben

38

Was nützen Übungen, wenn sie nach der Bearbeitung in die Mappe geheftet und nie wieder angesehen werden?
So extrem diese Formulierung klingen mag, so oft ist dies im heutigen Schulalltag die Realität. Dabei ist eine Rückmeldung über eine fehlerfrei bearbeitete Übung doch ein wichtiges Erfolgserlebnis für jeden Schüler und motiviert zur Weiterarbeit.

Die Übung als solche sollte nur den ersten Schritt darstellen: Entweder wird z. B. *eine* Übung von *allen Schülern* bearbeitet oder *jeder* Schüler bekommt eine seinem Leistungsniveau entsprechende *individuelle* Übung.
Der zweite und möglichst unmittelbar daran anschließende Schritt sollte die Rückmeldung für Schüler sein, die entsprechend der Übungsform auf unterschiedliche Weise erfolgen kann:

Übungsergebnisse auswerten

- Auswerten einer Übung im Plenum,
- Auswerten einer Übung in Kleingruppen,
- Auswerten der individuellen Übung durch Korrektur der Lehrkraft,
- Auswerten der individuellen Übung durch Besprechen und Korrektur mit einem adäquaten Partner,
- Auswerten der individuellen Übung mithilfe eines Lösungsblattes (Tipp 39).

› Tipp 39

Achtung!

In der Unterrichtsrealität wird oft mit einer Übung begonnen, die bis zum Ende einer Unterrichtsstunde andauert. Die Ergebnissicherung wird dann – aus Zeitnot – einfach weggelassen. Eine solche Unterrichtssituation ist nicht weiter tragisch, sofern die Sicherung bei nächster Gelegenheit – aber dann unbedingt – stattfindet. Je nach Lehrkraft, ob Klassenlehrer mit vielen flexiblen Unterrichtsstunden oder Fachlehrer, kann flexibel mit dieser Situation umgegangen werden.

SOS-Tipp

Für den Fall, dass die Übungsphase keine Sicherungsphase zulässt und die Schüler somit keine unmittelbare Rückmeldung zu ihrer Übung erhalten, gibt es auch die Möglichkeit, dass der Lehrer die Übungszettel oder Ähnliches einsammelt. Dies hat zwei Vorteile: Zum einen ist damit garantiert, dass jeder Schüler die Übungsaufgaben in der nächsten Stunde zur Hand hat und besprechen kann. Zum anderen bekommt die Lehrkraft dadurch die Gelegenheit, mögliche Fehler aus den Übungen in der nächsten Stunde erneut aufzugreifen und als Einstieg anhand einer „Fehlerübung“ (Tipp 37) zu besprechen.

› Tipp 37

Kontrollmöglichkeiten anbieten

39

› Tipp 38

Unmittelbar nach der Übungsphase bzw. nach der Rückmeldung durch die Lehrkraft (Tipp 38) sollten Schüler die Möglichkeit erhalten, anhand unterschiedlicher Methoden ihre Aufgaben selbst kontrollieren zu können.

Aufgaben kontrollieren

Für die Kontrolle bieten sich unterschiedliche Formen an, die je nach Unterrichtssituation und Bedarf gezielt eingesetzt werden sollten:

- Kontrolle mithilfe von Musterlösungen,
- Kontrolle mithilfe von Schülerlösungen,
- Kontrolle durch Besprechen im Plenum,
- Partnerkontrolle,
- Kontrolle durch gezieltes Aussuchen eines ebenbürtigen Mitschülers (gesteuert durch Lehrkraft).

Gleich mal ausprobieren

Im offenen Unterricht, in dem die Schüler alle mit unterschiedlichen Übungen beschäftigt sind, bietet sich die Kontrolle durch Musterlösungen an, weil die Schüler so ihrem eigenen Übungstempo und dem der Mitschüler nicht im Wege stehen.

Die Partnerkontrolle hingegen ist besonders dann geeignet, wenn Schüler in einer bestimmten Zeit eine Übung durchführen und die Übung zumindest für die jeweiligen Partner gleich ist. So können beispielsweise die Hefte getauscht und schließlich gegenseitig korrigiert werden.

Achtung!

Ähnlich wie bei der Rückmeldung sollte die Ergebnissicherung nicht zu weit hinausgeschoben werden. Eine unmittelbare Kontrolle ermöglicht ein Eingreifen in den „frischen“ Denkprozess, der für Schüler meistens einfacher nachvollziehbar ist.

Laut denken

40

Das laute Denken ist eine Methode, um die eigenen Gedanken schon beim Nachdenken über ein Problem, beim Bearbeiten einer Aufgabe oder bei der Ausführung einer Handlung zu erfassen. Beim lauten Denken geht es also um das unmittelbare Bewusstmachen der Gedanken während des Problemlösungsprozesses – und damit um das Verbalisieren des zu speichernden Lernstoffs.

Da direkt nach einem Gedankengang häufig schon wieder Vergessensprozesse einsetzen, sollte die wörtliche oder schriftliche Erfassung des Denkprozesses zeitgleich mit ihm erfolgen (Tipp 18).

Denkprozess wörtlich und schriftlich erfassen

› Tipp 18

SOS-Tipp

Fällt es den Schülern schwer, die Gedanken parallel zum Denkprozess zu verbalisieren, dann sollte der Gedankengang zunächst geistig abgeschlossen und erst unmittelbar im Anschluss dokumentiert werden.

Gleich mal ausprobieren

Die Schüler einer 10. Klasse haben soeben eine Einführung zum Thema „Photoeffekt" erhalten und zeichnen im Anschluss die zugehörigen Skizzen von der Tafel ab.

In Partnerarbeit oder in Kleingruppen sollen sich die Schüler dann den Lernstoff vergegenwärtigen, indem sie ihre Gedanken laut aussprechen und schriftlich neben dem Lernstoff fixieren. Auf diese Weise wird ihnen explizit noch einmal – verbal, schriftlich, bildlich – deutlich, was sie sich merken wollen.

Achtung!

Den Schülern muss klar sein, dass wirklich alle Gedankengänge aufgeschrieben werden dürfen und sollen. Also auch „Das ist mir zu kompliziert" oder „Diesen Schritt kapier ich nicht". Genauso können auch Fragen formuliert werden, wie z. B. „Materie, häh?" oder „Was ist Energie?".

Lernprozesse besser verstehen

Für die Lehrkraft ist durch die laut zum Ausdruck gebrachten Gedanken der Schüler besser nachvollziehbar, was diese sich gemerkt haben und vor allem, welche individuellen Verbindungen sie spontan zu älteren Wissensbeständen herstellen können.

„Laute Gedanken" protokollieren

Varianten des lauten Denkens:

- Zwei Mitschüler protokollieren die laut geäußerten Gedankengänge eines Schülers und gleichen ihre Aufzeichnungen hinterher miteinander ab.
- Die lauten Gedanken eines Schülers werden mithilfe eines Kassettenrekorders aufgenommen und hinterher gemeinsam besprochen und ausgewertet.
- Der Schüler wird beim lauten Denken mit einer Videokamera gefilmt, die Aufzeichnung wird hinterher gemeinsam besprochen. Das hat den Vorteil, dass auch Gestik und Mimik beobachtet und kritisch hinterfragt werden können (Tipp 59).

› Tipp 59

Eselsbrücken konstruieren

41

Eselsbrücken funktionieren immer nach demselben Prinzip: Es wird eine assoziative Verbindung zwischen zwei Dingen hergestellt, die eigentlich nichts miteinander zu tun haben.

Wissen speichern

Es gibt eine Fülle von feststehenden Eselsbrücken, die wohl jeder schon einmal genutzt hat, wenn es z. B. um das Merken von historischen Daten ging.

Merksätze selbst konstruieren

Viel wichtiger ist es aber, dass jeder – nicht nur Schüler – sich der Methodik zur Bildung von Eselsbrücken bewusst ist, um für den konkreten Einzelfall selbst welche bilden zu können. Darum hier ein paar Beispiele zur Konstruktion von Eselsbrücken:

1. Die wichtigste Form von Eselsbrücken ist die Verpackung von Informationen in kurze Geschichten mit klar erkennbarem und leicht erlernbarem Reimschema:

- Differenzen und Summen kürzen nur die Dummen.
- He, she, it, das „s“ muss mit.

2. Ein kurzer Reim wird in eine direkte phonetische Nachbarschaft zu einer Zahl gesetzt:
- 333 – bei Issos Keilerei.
- 753 – Rom schlüpft aus dem Ei.
- 476 – mit Rom ist es ex.

3. Ein leicht merkbarer Lernsatz enthält die Anfangsbuchstaben der zu merkenden Wörter:
- Nie ohne Seife waschen. (Himmelsrichtungen)
- Geh, du alter Esel, hole Fische. (Quintenzirkel)
- Eine alte Dame geht heute essen. (sechs Gitarrensaiten)

4. Das Vorkommen gleicher Vokale oder Konsonanten stellt die Verbindung mit dem Lernstoff her:
- Lackmus-Papier färbt sich bei Säuren rot und bei Laugen blau.

5. Direkte Assoziation zwischen gleich oder fast gleich klingenden Wörtern erleichtert das Behalten:
- Wer nämlich mit „h“ schreibt, ist dämlich.
- „Gar nicht“ wird gar nicht zusammen geschrieben.

Gleich mal ausprobieren

Hat ein Schüler Schwierigkeiten, sich Begriffe zu merken, ermuntern Sie ihn, sich einen Merksatz zu konstruieren, der die Begriffe beinhaltet.

Achtung!

Die Eselsbrücken sollten möglichst eindeutig formuliert sein bzw. eindeutig weitergegeben werden. Beispielsweise findet der Merksatz „He, she, it, das ‚s‘ muss mit“ nur im Simple Present Anwendung, wird jedoch von Schülern gerne generalisiert und auf weitere Zeitformen übertragen. Diese Tücke sollte stets bedacht werden!

Lernstoff in Bilder verwandeln

42

Bilder als Gedächtnisstütze

Bilder unterstützen das Gedächtnis, wenn es sich Sätze oder Zusammenhänge merken soll, denn das Gedächtnis speichert leichter Bilder als Begriffe. So fällt es Schülern erfahrungsgemäß schwerer, im Gegensatz zu Bildern eine Reihe von Wörtern oder Wortketten auswendig zu lernen.
Deshalb kann es hilfreich sein, die zu lernenden Informationen in eine Bildreihe oder ein Bildraster zu verwandeln, um sie so schneller zu lernen und zu behalten.

Gleich mal ausprobieren

Ermuntern Sie Ihre Schüler, sich zu Wörtern, die auswendig gelernt werden müssen, Bilder als Gedächtnisstütze zu zeichnen. Die Bilder können etwas mit der Wortbedeutung zu tun haben. Genauso kann das Wort in die Zeichnung eingebettet werden – je nach individueller Neigung.
Motivieren Sie Ihre Schüler, möglichst alle Sinne bei den Verknüpfungen zu nutzen (Geräusche, Gerüche, Bewegung, Bilder) damit sie sich ein entsprechendes Szenario vor ihrem geistigen Auge konstruieren können (Tipp 46). Um auch später dieses Wissen abrufen zu können, benötigen sie im Regelfall nur ein Stichwort, um sich wieder daran zu erinnern. Diese Technik kann auch beim Anfertigen und Präsentieren von Referaten genutzt werden!

› Tipp 46

Individuelle Assoziationen helfen

Bei den Zeichnungen, die Schüler selbst als Gedächtnisstütze anfertigen, kann man häufig feststellen, dass sie ganz abstruse Verbindungen von Wort und Bild herstellen. Sie sind aber sehr wohl in der Lage, diese Begriffe auswendig zu lernen und sie sich zu merken (Tipp 58).

› Tipp 58

Achtung!

Die Herstellung von Bildwortreihen kann bei denselben Worten ganz unterschiedlich ausfallen und ist abhängig von den unterschiedlichen Vorstellungen der einzelnen Schüler und ihren individuellen bereits vorhandenen Wissensbeständen, an die sie anknüpfen.

43

Auch Farben können gut mnemotechnisch eingesetzt werden, insbesondere dann, wenn einzelne Textpassagen markiert werden sollen, wenn Besonderheiten in der Ausdrucksweise gekennzeichnet oder wenn Signalwörter hervorgehoben werden sollen (Tipp 44, 67).

› Tipp 44, 67

Gezielter Farbeinsatz

Es gibt vielfältige Varianten für den Einsatz von Farben:
- Die Wichtigkeit einzelner Aussagen eines Textes lässt sich durch einzelne Farben darstellen – z. B. in den Regenbogenfarben.
- Die Stichwörter für ein Referat werden in der Reihenfolge der vorzutragenden Thesen farbig markiert.
- Häufig falsch geschriebene Wörter werden farbig unterlegt.
- Wichtige Definitionen oder Formeln werden mit einem farbigen Kasten umrandet.

Gleich mal ausprobieren

Im Laufe einer Unterrichtseinheit im Fach Mathematik begegnen den Schülern insgesamt fünf Merkkästen, die für die abschließende Lernkontrolle von Bedeutung sind. Die Merkkästen werden ordentlich ins Heft geschrieben und mit einer bestimmten Farbe (beispielsweise rot) umrandet.
Gleichzeitig werden Beispielaufgaben, die die Sachlage deutlich schildern, in einer weiteren Farbe (beispielsweise gelb) markiert.
Am Ende einer Unterrichtssequenz überlegt jeder Schüler, welche Aufgaben ihm leichtfallen und welche besondere Schwierigkeiten bereiten. Auch diese werden beispielsweise grün für leichte und orange für schwierige Aufgaben markiert.
Für die Vorbereitung auf die abschließende Lernkontrolle hat jeder Schüler ein farblich strukturiertes Heft vor sich liegen, dessen Inhalte er aufgrund dieser Markierungen leichter nachvollziehen und daher besser lernen kann.

Lernstoff mit Schlüssel- und Signalwörtern ordnen

44

Wortgruppen bilden

Beim Ausprobieren von Merkhilfen stellt man immer wieder fest, dass man die zu lernenden Wörter zu ordnen versucht, um sie zu sinnvollen Gruppen zusammenzufassen. Auch diese Vorgehensweise ist eine gute Möglichkeit, viele Begriffe oder Argumente möglichst lange im Gedächtnis zu behalten. Diese Gruppen erhalten dann Schlüssel- oder Signalwörter als Oberbegriffe, unter denen sie leicht zu erkennen und wiederzufinden sind.

Gleich mal ausprobieren

Im Englisch-Unterricht sollen die Vokabeln zum Thema „school" auswendig gelernt werden.

Die Vokabeln werden strukturiert, indem sie beispielsweise in Gegenstände, Fächer und Sonstiges eingeteilt werden.

Als Schlüsselwörter erhalten die Gegenstände Oberbegriffe wie beispielsweise „schoolbag" oder „pencilcase". Weitere Assoziationen gehen automatisch von diesen Begriffen aus. Zusätzlich können die Vokabeln auch bildlich dargestellt werden (Tipp 42). So können in einer überdimensional großen Federmappe alle weiteren Gegenstände, die in die Federmappe gehören, eingezeichnet bzw. abgebildet werden.

› Tipp 42

Mit Rhythmus auswendig lernen

45

Metrum und Reimschema

Dass ein gleichmäßiges Metrum das Auswendiglernen längerer Texte erleichtert, ist schon den Rhapsoden des antiken Griechenlands bekannt gewesen. Dass dieses Auswendiglernen weiter erleichtert wird, wenn neben das gleichmäßige Metrum auch ein festes Reimschema tritt, merken Schüler spätestens, wenn sie Gedichte vortragen müssen.

Diese Tatsachen macht sich die Rhythmisierung zunutze, indem sie Texte möglichst extrem rhythmisch unterteilt und – soweit möglich – einem Reimschema zuordnet.

Die Begeisterung vieler Jugendlicher für den Rap, der mit eben dieser Rhythmisierung von Texten arbeitet, sollte in diesem Zusammenhang ausgenutzt werden.

Rap

Gleich mal ausprobieren

Variante I

Auf vielen Maxi-CDs befindet sich sogenanntes Bonusmaterial, das manchmal aus reinen Instrumentalstücken besteht. Mit dessen Hilfe können Schüler ihren eigenen Musikstil für das Auswendiglernen von Gedichten einbringen, indem sie ihre Lieblingsmusik als Grundlage für die Pflicht des Auswendiglernens nutzen.

Variante II

Die Schüler treffen sich zu zweit oder in Kleingruppen. Aus dem Musikraum werden Handtrommeln, Pauken, Bongos oder andere Rhythmusinstrumente geliehen (Tipp 81). Ein Schüler gibt einen Takt vor (je nach Gedicht wird dieser variiert: langsam oder schnell), zu dem sich die anderen Schüler rhythmisch durch den Raum bewegen. Zu jedem Schritt wird eine Silbe aus dem Gedicht (zunächst ab-)gelesen. Je geübter die Schüler, desto schneller wird der Takt.

› Tipp 81

46 Virtuelle Räume entwerfen

Mithilfe eines virtuell gestalteten Raumes, den man vor seinem geistigen Auge entwirft, lassen sich immer wieder Informationen ins Gedächtnis rufen.
Man schafft sich dazu einen virtuellen Raum, in dem man spazieren gehen kann und in dem man alle Gegenstände und ihren Platz kennt.
Sobald dieser Raum im Gedächtnis verankert ist, ist man in der Lage, sich an alle Dinge, die sich in dem Raum befinden und die mit ihm zusammenhängen, zu erinnern. Jetzt können hier relativ große Mengen an Informationen deponiert werden, die bei entsprechenden Assoziationen immer wieder abgerufen und genutzt werden können.

Wissen deponieren

Gleich mal ausprobieren

Überlegen Sie sich ein Thema, das Ihnen für diese Technik sinnvoll erscheint. Versuchen Sie, den zu lernenden Stoff anschließend in einzelne Themenbereiche einzuteilen und diese jeweils einem Gegenstand in Ihrem virtuellen Raum zuzuordnen, der sich leicht mit den Schlüsselwörtern des Themenbereichs in Verbindung bringen lässt (Tipp 44).

› Tipp 44

Kurz: Mit jedem der Bereiche oder Gegenstände des virtuellen Raumes verbindet man eine Reihe von zu lernenden Abläufen und Tätigkeiten oder auch Erklärungen, die für den Ablauf usw. wichtig sind.

47 Übungsphasen für Gedächtnistraining nutzen

Alle Formen des Gedächtnistrainings, die etwas zeitaufwändiger sind, sollten eher in längeren Übungsphasen stattfinden. Um eine individuelle Formelsammlung zu erstellen, umfangreiches Textmaterial mihilfe von Bildern oder Farben zu verbinden oder auch einen Rap (Tipp 45) zu schreiben, benötigt man sicher einen größeren Anteil der Stunde als z. B. für die weniger zeitaufwändigen Rituale.

› Tipp 45

Übungsphasen sollen keine „Lückenbüßer“ sein

Diese Phasen sollten nicht in Form spontaner „Lückenbüßer“ in den Unterricht eingebaut werden, was den Übungsprozess im Bewusstsein der Schüler längerfristig abwertet, sondern bewusst in die Unterrichtsplanung integriert werden (Tipp 7, 10, 91).

› Tipp 7, 10, 91

Gleich mal ausprobieren

Obwohl viele Verlage Formelsammlungen und Merkhilfen in Form von Merksätzen usw. anbieten, zeigt die Erfahrung, dass Schüler aller Jahrgangsstufen von ihren eigenen Notizen, Formelsammlungen oder Merkheften am meisten profitieren.

Für das Erweitern oder Ergänzen ihrer Formelsammlung bzw. ihres Merkheftes erhalten die Schüler beispielsweise am Ende einer Unterrichtsstunde 15 Minuten Zeit, um sich in ihrem dafür vorgesehenen Heft die zu merkende Formel so aufzuschreiben, dass sie sie sich möglichst optimal einprägen können. Sie notieren die Formel, zeichnen eine Grafik, erklären sie und erläutern die Formel mit ihren eigenen Worten. Dann heben sie die für sie wichtigen Schlüsselwörter mit entsprechenden Farben hervor (Tipp 43) und gestalten das zu Merkende so, dass sie es mit einem Blick erfassen können.

› Tipp 43

Achtung!

Die Gestaltung des Merkheftes darf äußerlich niemals von der Lehrkraft beurteilt werden. Jeder Schüler hat eigene Anknüpfungspunkte und individuelle Lern- und Gedächtnisstrategien, die von außen nicht beurteilt werden dürfen. Allerdings dürfen Fragen gestellt werden, die die Schüler zum Weiterdenken anregen.

Übungsstunden für Gedächtnistraining nutzen 48

Gedächtnistraining ist, wie alle Übungen, nur dann sinnvoll, wenn es regelmäßig betrieben wird, wenn sich also eine bestimmte Systematik dahinter verbirgt. D. h., dass nicht nur auf die Vielfältigkeit der Gedächtnisübungen (Tipp 35), sondern auch auf die Intensität und Häufigkeit geachtet werden sollte.

› Tipp 35

Das Gedächtnistraining systematisch zu betreiben, kann daher durchaus auch bedeuten, eine ganze Unterrichtsstunde mit dem Üben solcher Techniken zu verbringen.

Gedächtnistraining mit System

Achtung!

Wenn es für den weiteren Unterrichtsverlauf notwendig ist, die Gedankengänge und die Strategien der Schüler nachzuvollziehen, dann sollte auch dafür Zeit zur Verfügung stehen!

Dadurch wird nicht nur die eigene Unterrichtsvorbereitung erleichtert und optimiert, sondern die Schüler werden in ihrer Rolle mit ihren Kompetenzen ernst genommen. Sowohl der Lehrer als auch der Schüler kann auf diese Weise nachvollziehen, wo Denkfehler, Übungsdefizite oder formale Probleme aufgetreten sind (Tipp 18, 19).

› Tipp 18, 19

Gleich mal ausprobieren

Im Rechtschreibunterricht einer 5. Klasse wird ein „Laufdiktat zum s-Laut" bearbeitet. Die Schüler bekommen dafür eine ganze Schulstunde Zeit!

Die Aufgaben sind kleinschrittig konstruiert, sodass sie von den Schülern allein und ohne besondere Erläuterungen und Hilfestellungen bearbeitet werden können. Dennoch ist es ratsam, darüber hinaus schriftliche Tipps zur Bearbeitung aufzuführen, damit ein fließendes Arbeiten ohne besondere Störungen gewährleistet werden kann.

Gedächtnistraining als Ritual einführen

49

Gedächtnistraining ist geradezu ideal für alle Formen von Ritualen. Sowohl die Entwicklung von Eselsbrücken als auch die Assoziationen mithilfe von Bildern, Schlüsselwörtern und Rhythmen lassen sich zum Einstieg in ein Thema, in die Stunde oder als Ausstieg nutzen (Tipp 41–45).

› Tipp 41, 45

Um die Ecke gedacht

Schüler brauchen Rituale! Wenn das Gedächtnistraining als Ritual in den Unterricht integriert wird, werden gleichzeitig „zwei Fliegen mit einer Klappe geschlagen": Zum einen sind Rituale für den Alltag der Schüler notwendig, zum anderen fördert das regelmäßige Gedächtnistraining aus lernpsychologischer Sicht die Lernfähigkeit (Tipp 90).

› Tipp 90

Gleich mal ausprobieren

Die Vorbereitung eines Übungsrituals kann auch von Schülern übernommen werden! Die meisten Schüler haben Freude daran und empfinden diese Aufgabe als besonders reizvoll. Natürlich sollte mit den Schülern vorher genau besprochen werden, welchen Anspruch diese Aufgabe haben soll.
Beispielsweise kann Blitzrechnen als Einstiegsritual im Mathematikunterricht von Schülern übernommen werden, indem in einem rotierenden System (von freiwilligen Schülern) immer zehn bunte Aufgaben gestellt werden. Wichtig ist dabei, dass der Schüler die Aufgaben vorher selbst im Kopf durchrechnet, um eventuelle Hindernisse und Schwierigkeiten vor der Durchführung ausbessern zu können.
Konnten Sie feststellen, dass die Schüler sich mit der Zeit auf das Einstiegsritual eingestellt haben und schon automatisch ihre Blitzrechenhefte zu Beginn der Stunde herausholen?

ÜBUNGSINSTRUMENTE BEHERRSCHEN 50

Der Begriff „Instrument" bedeutet so viel wie Gerät oder Werkzeug, mit dem verschiedene Tätigkeiten ausgeführt werden.
Bezogen auf das Übungskonzept heißt das Folgendes: Instrumente sind Werkzeuge zur Hervorbringung und Weiterentwicklung individueller Fähigkeiten und Fertigkeiten.

Übungsinstrumente erfordern Methodenkompetenz

Um ein Werkzeug oder Instrument nutzen zu können, sind gewisse Kompetenzen erforderlich – ein Skalpell ist in der Hand des medizinisch Ungebildeten ebenso nutzlos wie eine Geige für denjenigen, der die Fertigkeiten des Geigespielens nicht erlernt hat.

Methodenkompetenz für Lehrer und Schüler

Überträgt man diese Situation auf die Unterrichtspraxis, sollte die Beherrschung der Instrumente ermöglicht und die zielorientierte und werkgerechte Arbeit von Lehrer und Schüler normiert werden. D. h., dass sich die Beherrschung nicht nur auf den Lehrer beschränkt, sondern auch vom Schüler erlernt werden muss, was durch einen regelmäßigen Einsatz unterschiedlicher Übungsinstrumente effektiv unterstützt werden kann.

Um die Ecke gedacht

Mithilfe von Instrumenten eignen sich die Schüler Wissen, Fähigkeiten und Fertigkeiten an. Das damit verbundene Ziel ist, den Lehrer überflüssig zu machen: Erst, wenn die Schüler gelernt haben, die Werkzeuge und Instrumente selbstständig sinnvoll und angemessen einzusetzen, sind sie auf eine Anleitung durch den Lehrer nicht mehr angewiesen. So können Schüler unterschiedliche Übungsstrategien gegeneinander abwägen, ausprobieren und eigene Strategien entwickeln.

Gleich mal ausprobieren

› Tipp 51–59

Machen Sie Ihre Schüler im Laufe ihrer Schulzeit immer wieder mit unterschiedlichen Übungsinstrumenten vertraut (Tipp 51–59).

Da jeder Mensch anders lernt und seinen eigenen Weg finden muss, haben die Schüler bei einem vielfältigen Angebot die Möglichkeit, ihrem individuellen Bedürfnis und ihren eigenen Fertigkeiten und Fähigkeiten entsprechende Übungsinstrumente selbst auszuwählen und somit einen für sie „idealen" Lernweg zu kreieren.

Lernkarteien einsetzen

51

Das Langzeitgedächtnis trainieren

Lernkarteien können in allen Fächern eingesetzt werden. Bekannt ist dieses Instrument aber vor allem durch das „Vokabellernen" im Fremdsprachenunterricht. Erfahrungsgemäß hat es sich hier wahrscheinlich bewährt, weil durch diese Methode besonders das Langzeitgedächtnis trainiert wird.

Die Lernkarten werden während der Abfrage innerhalb eines Karteikastens so lange umsortiert und regelmäßig in immer größer werdenden Zeitintervallen (Tipp 17) geübt, bis die darauf verzeichneten Wörter und Begriffe im Gedächtnis gespeichert sind.

› Tipp 17

Achtung!

Viele Verlage bieten fertige Lernkästen aus verschiedenen Materialien, ausgestattet mit entsprechenden Unterteilungen, Ordnungsmarkern und Karteikarten an.
Es empfiehlt sich aber, dass die Schüler ihre Lernwörter selbst aufschreiben. Zum einen wird schon durch das Schreiben gelernt, zum anderen lernen Schüler leichter, wenn sie ihr Lernpensum selbst organisiert haben.
Beim Aufschreiben ist jedoch unbedingt darauf zu achten, dass keine Rechtschreibfehler auftreten, sonst prägt sich der Schüler das Wort falsch ein!

Gleich mal ausprobieren

Auf die Vorderseite der Karte schreibt man das Fremdwort, die Vokabel, die Formel, den Fachausdruck oder die Frage.
Auf die Rückseite schreibt man entsprechend die Bedeutung, die Übersetzung, die Erklärung, den Zusammenhang oder die Antwort.

Anfangs werden alle neu beschriebenen Karten im ersten von fünf Abteilen gesammelt. Richtig beantwortete Fragen und gelernte Begriffe kommen in das zweite Abteil. Falsch beantwortete Fragen und vergessene Begriffe verbleiben weiterhin im ersten Abteil. Erst wenn der größte Teil des ersten Abteils nach mehreren Wiederholungen beherrscht wird, werden die Karten des zweiten Abteils bearbeitet. Diese Bearbeitungsweise setzt sich bis zum letzten Abteil weiter fort.
Die neuen und nicht gekonnten Begriffe des ersten Abteils müssen jeden Tag mindestens einmal geübt bzw. wiederholt werden. Begriffe der anderen Abteile sollten in regelmäßigen Intervallen wiederholt werden.

Allein oder zusammen üben

Das Üben mit Lernkarteien kann hervorragend allein vollzogen werden, genauso können sich Schüler gegenseitig abfragen (Partnerabfragen) oder in Kleingruppen damit üben. Entscheidend ist, dass immer sofort kontrolliert werden kann und muss, ob eine Antwort richtig ist oder nicht.

Lernplakate gestalten

52

Lernplakat als Erinnerungshilfe

Lernplakate sind sowohl für das individuelle Lernen zu Hause als auch für das gemeinsame Lernen und Üben im Klassenverband hilfreich. Auf ihnen wird all das festgehalten, was so wichtig ist, dass man immer wieder daran erinnert werden muss: eine Regel, ein Algorithmus, eine Liste schwieriger Vokabeln, eine Reihe philosophischer Leitsätze usw.

Lernplakate bestehen im Regelfall aus einer großen Pappe, aus Tonkarton oder großen Stoffbahnen und werden mit dicken Filzstiften, mit Wasser- oder Ölfarben oder mit stark vergrößerten Computerausdrucken beschrieben und beklebt.

Lernplakate im Klassenraum

Lernplakate für das gemeinsame Lernen werden gut sichtbar im Klassenraum aufgehängt und enthalten für alle gleichsam wichtige

- Regeln, Formeln und Gesetze,
- Fachbegriffe,
- grammatikalische Strukturen,
- Umgangsformen,
- Vereinbarungen.

Lernplakate zu Hause

Lernplakate für das individuelle Lernen werden von den Schülern zu Hause an einem besonderen Ort aufgehängt und können zum Beispiel enthalten:

- Vokabeln, die schwer zu behalten sind,
- unregelmäßige Verben,

- mathematische Formeln,
- physikalische Gesetzmäßigkeiten,
- chemische Verbindungen,
- auswendig zu lernende Gedichte usw.

Achtung!

Lernplakate, ob für das gemeinsame oder individuelle Lernen, sollten immer gut sichtbar sein, eine klare Struktur aufweisen, optisch deutlich hervorgehobene Signalwörter (Tipp 44) oder Überschriften haben und regelmäßig erneuert bzw. ergänzt werden! Veraltete Plakate sind für die Schüler nicht mehr interessant und werden nicht mehr beachtet.

› Tipp 44

Gleich mal ausprobieren

Lernplakate sollten so aufgehängt werden, dass man mehrmals am Tag an ihnen vorbeigehen muss. Dadurch sind sie eine wirkliche Hilfe für jeden, denn durch das ständige „Bild vor Augen" prägen sich die Inhalte gut ein. Viele Schüler hängen ihre Lernplakate sogar von innen an die Toiletten- oder von außen an die Kühlschranktür – Orte, die man für gewöhnlich mehrmals am Tag aufsucht.

Lerntagebücher führen

53

Lerntagebücher, auch Lernjournale genannt, sind individuell vom Schüler gestaltete Hefte oder Kladden, die in einem oder parallel auch mehreren Fächern geführt werden. Die Schüler halten in schriftlicher und bildlicher Form das fest, was sie vom Unterrichtsstoff verstanden haben (Tipp 19). Lerntagebücher dokumentieren den Unterricht aus der Sicht des Schülers. Sie sind nicht mit Hausheften, Fachmappen oder Protokollen zu vergleichen, denn hier steht die Individualität und die damit verbundene persönliche „Aufschreibweise" im Vordergrund. Die Schüler notieren

› Tipp 19

Individualität der Aufzeichnungen

einerseits Essentials über ihre Erfahrungen und Erkenntnisse mit dem Stoff in ihren eigenen Worten und dokumentieren so ihren individuellen Lernfortschritt, den sie immer wieder nachlesen können. Sie formulieren aber andererseits auch ihre Probleme und Schwierigkeiten, äußern Zweifel und eventuell auch Unmut über den vermittelten Fachinhalt. Der Lernprozess ist auf diese Weise für Schüler und Lehrer leichter nachvollziehbar.

Lerntagebuch als Kommunikationshilfe

Lerntagebücher können als Grundlage für Gespräche zwischen Lehrer und Schüler über die individuell zu verfolgende Übungsstrategie dienen. Dabei tauschen sich beide Seiten über das Lernen, das Üben und Wiederholen aus, um Rückschlüsse für Erfolg oder Misserfolg zu ziehen, um das individuelle Übungsverhalten zu analysieren und es – falls erforderlich – zu verändern (Tipp 87).

› Tipp 87

Achtung!

Die Schüler sollten regelmäßig die Möglichkeit erhalten, ihr Tagebuch führen zu können. Bei jüngeren Schülern empfiehlt es sich, am Ende einer Fachstunde fünf Minuten Zeit für die Reflexion, Gedanken und Überlegungen sowie für mögliche Fragen zu geben. Ältere Schüler können ihre Lerntagebücher parallel zum Unterricht führen.
Allgemein gilt: Die Notizen der Schüler sind im Regelfall sehr persönlich und sollten in keinem Fall korrigiert oder verbessert werden. Die Schüler besitzen individuelle Strategien, um sich die Lerninhalte verständlich zu machen und zu merken. Daher sollte auch von sprachlichen Vorgaben abgesehen werden.

Gleich mal ausprobieren

Das Lerntagebuch des Schülers kann nach und nach zu einem Mitteilungsbuch zwischen Lehrer und Schüler entwickelt werden, indem Schüler aufschreiben, was sie nicht verstanden haben, wo Zweifel aufkommen oder weitere Übungswünsche entstehen. Es kann ebenso Fragen beinhal-

ten, die von der Lehrkraft beantwortet bzw. mit Hinweisen versehen werden.
Unmittelbare Antworten der Lehrkraft, wie beispielsweise „Sieh dir im Buch auf Seite x das Beispiel noch einmal an und löse dann die Aufgabe y“ oder „Sprich mich in der nächsten Fachstunde am Dienstag nochmal an, dann besprechen wir die Aufgabe gemeinsam mit Anna“, bringen den Schüler mit neuem Mut auf einen weiteren Lernweg.

Lernprogramme nutzen

54

Lernprogramme sind in zahlreichen Ausführungen erhältlich und vielfältig einsetzbar.
Dieser Tipp bezieht sich nicht primär auf die Situation, dass Schüler im Computerraum der Schule im Klassenverband an den Computern arbeiten, sondern eher auf die Situation, dass ein oder zwei Schüler entweder zu Hause oder an den ein bis zwei Computern bzw. Laptops im Klassenzimmer individuell und ohne direkte Lehrerberatung tätig sind.

Üben ohne Lehrerberatung

Da der Erfolg dieser vom Lehrer nicht kontrollierten Einzelarbeit fast ausschließlich von der Qualität der Lernsoftware abhängt, finden Sie hier einen Kriterienkatalog für gute Lern- und Übungssoftware. Die eingangs gestellten Leitfragen dafür lauteten:

Kriterien für gute Lernsoftware

- Wie gehen Schüler mit den verschiedenen Leistungsniveaus um, die das Programm bietet?
- Wie empfinden die Schüler die persönliche Ansprache?
- Wie reagieren die Schüler auf positive Bestätigungen durch die Software?
- Welche fachlichen, didaktischen und methodischen Unterstützungen bietet die Hilfe-Funktion?

Daraus ergeben sich zwei inhaltliche Aspekte, die bei der Auswahl der Lernsoftware berücksichtigt bzw. vor dem Einsatz gut durchdacht werden sollten:

Benutzeroberfläche

Die Benutzeroberfläche
- möglichst einheitliche und übersichtliche Oberfläche,
- eine im Vordergrund bleibende Menüleiste,
- tolerante Behandlung von Schülereingaben,
- klare Arbeitsanweisungen,
- schneller Hilfezugang zum aktuellen Problem möglich,
- keine störenden Elemente (blinkende Felder, Sounds),
- Option, den erreichten Lernstand vorübergehend abspeichern zu können.

Didaktik

Die Didaktik
- lässt nicht nur Einzelarbeit sondern auch Partner- oder Gruppenarbeit zu,
- organisiert Schülerwechsel mit einheitlichen und nicht zu langen Taktfrequenzen,
- fördert nicht den Wettkampfcharakter,
- garantiert Erfolgserlebnisse für alle Schüler durch verschiedene Leistungsniveaus,
- analysiert gemachte Fehler,
- ermöglicht Fehlerkorrektur,
- liefert differenziert Hilfestellung,
- erläutert Lösungsvorschläge,
- liefert keine negativen Beurteilungen.

Achtung!

Hilfreich sind besonders Lern- und Übungsprogramme, die die Schüler persönlich ansprechen, das Leistungsniveau automatisch anheben und dabei noch einen spielerischen Charakter entwickeln!

Gleich mal ausprobieren

Einsatz von Lernprogrammen während des Unterrichts

› Tipp 22

Während z. B. auf der Hauptbühne des Unterrichts ein bestimmtes Thema erarbeitet wird, können diejenigen Schüler, die – aus welchen Gründen auch immer – freie Zeit zur Verfügung haben, am Computer mithilfe von Lernsoftware üben und ihre Kenntnisse vertiefen (Tipp 22), erweitern und

mit anderen Bereichen vernetzen. Lernschwache Schüler können auf diese Weise fehlende Grundlagen nachholen und zusätzliches Übungsmaterial bearbeiten.
Diese Aufgaben können mithilfe des Computers natürlich auch am Nachmittag oder am Wochenende am häuslichen Rechner erledigt werden.
Besprechen Sie mit den Schülern, wie ihnen das Programm gefallen hat, was sie gut, was sie schlecht fanden. Fragen Sie sie auch, welche Programme sie privat benutzen.

MERKZETTEL FORMULIEREN

55

Merkzettel werden als Übungsinstrument eingesetzt, um beispielsweise Vorträge systematisch und fachlich angemessen zu präsentieren. Die auf dem Zettel vermerkten Informationen bilden dafür das Gerüst.

Um die Ecke gedacht

In der Stress-Situation der öffentlichen Rede vor Publikum, muss sich der Merkzettel bewähren, indem er dem Redner im Bruchteil einer Sekunde zuverlässig Informationen und Orientierungshilfen bietet. Die Übereinstimmung mit der zeitlichen Abfolge und dem systematischen Aufbau der Rede ist daher zwingend erforderlich!

Merkzettel erstellen

Die drei wichtigsten Regeln zur Erstellung von Merkzetteln:
1. So wenig Text wie möglich
2. So leserlich und groß geschrieben wie möglich.
3. So übersichtlich gestaltet wie möglich.

Gleich mal ausprobieren

Es bieten sich zwei Varianten an, Merkzettel zu gestalten. Sie sollten beide im Unterricht von den Schülern ausprobiert werden, die dann selbst entscheiden, welche Variante ihnen besser gefällt.

Variante 1:

- ein oder mehrere Blatt Papier (DIN A4, DIN A5),
- klare Gliederung und übersichtliche Anordnung,
- einseitig beschreiben, um das eventuell zu Unkonzentriertheit geführte Umblättern zu vermeiden,
- große Schrift, damit das Wichtigste auf einen Blick erkennbar ist.

Variante 2:

- mehrere Karteikarten (DIN A5, DIN A6 oder DIN A7),
- einseitige Beschriftung,
- große, gut lesbare Schrift,
- Karteikarten nummerieren,
- übersichtliche Darstellung und klare Gliederung,
- übersichtliche Farben und Symbole nutzen (Tipp 43).

› Tipp 43

Während des Vortrags wird dann die jeweils abgearbeitete Karte nach hinten in den Stapel gesteckt.

Achtung!

Um Merkzettel gezielt einsetzen zu können, muss der Schüler sich im Vorfeld Gedanken darüber machen, welches Ziel er damit erreichen will: Soll der Merkzettel als gedankliche Stütze dienen, will er durch seine Erinnerungen das Interesse der anderen wecken, sollen andere seine Gedankengänge nachvollziehen oder soll auf Vorkenntnissen aufgebaut werden?

56 Spickzettel erstellen

Der Begriff „Spickzettel" ist bei Lehrern oft negativ behaftet, weil diese in Prüfungssituationen von Schülern häufig eingesetzt werden, obwohl sie im Vorfeld vom Lehrer verboten worden sind.

Dagegen ist nichts zu sagen. Dennoch haben Spickzettel ihr negatives Image nicht in jedem Fall verdient und können durchaus sinnvoll eingesetzt werden.

Das Erstellen von Spickzetteln ist für die Schüler kurz vor einer Prüfung eine gute Gelegenheit, sich den Unterrichtsstoff noch einmal in Erinnerung zu rufen (Tipp 88). Deshalb wird diese spezielle Art von Merkzettel (Tipp 55) an dieser Stelle einmal als Chance und zusätzliche Übungsmöglichkeit dargestellt, von der Schüler profitieren können, ohne die vom Lehrer vorgegebenen Regeln – nämlich das Verbot des Spickzettelgebrauchs während der Arbeit oder Prüfung – zu brechen.

Spickzettel als Übungsmöglichkeit

› Tipp 88
› Tipp 55

Es gibt unterschiedliche Möglichkeiten, Spickzettel zu gestalten:

- Das vorhandene Fachwissen wird stichwortartig aufgeschrieben.
- Es werden nur die wichtigsten Fachkenntnisse in Stichworten notiert.
- Selbst entwickelte Signalwörter erinnern an den Unterrichtsstoff.
- Es wird nur das notiert, was man sich einfach nicht merken kann.

Inhalt des Spickzettels

Achtung!

Spickzettel müssen so gestaltet sein, dass man mit einem ganz kurzen Blick möglichst genau erkennen kann, worauf es gerade ankommt!

Um die Ecke gedacht

Erfahrungsgemäß gehen Schüler bei der Gestaltung der Zettel mit wenig Sorgfalt vor. Ihnen kommt es vor allem darauf an, auf möglichst kleinen Zetteln mit möglichst kleiner Schrift möglichst viel Inhalt zu notieren. Dieses Vorgehen hat zur Folge, dass beim Einsatz des Spickzettels viel Zeit verloren geht, weil die Notizen schlecht oder gar nicht lesbar sind und einige Zeit vergeht, bis das Gesuchte endlich gefunden ist. Das ist umso bedauerlicher, als Schüler häufig viel Zeit darauf verwenden, solche Merk- und Gedächtnishilfen zu erstellen.

Gleich mal ausprobieren

Integrieren Sie die Erstellung und den Gebrauch von Spickzetteln systematisch in verschiedene Unterrichtsphasen. Während der Vorbereitungsphasen auf eine Klassenarbeit erhält jeder Schüler die Aufgabe, einen Spickzettel anzufertigen. Am Ende dieser Arbeitsphase werden die Zettel mit Namen versehen und vom Lehrer eingesammelt. Nach der Überprüfung werden die Spickzettel wieder ausgeteilt, und es wird besprochen, was die Schüler von den notierten Fachinhalten wirklich benötigen und welche Fehler und Vorzüge sich aus ihrer Wahl der optischen Gestaltung ergeben. Für die Arbeit selbst dürfen die Schüler ihren individuellen Spickzettel noch einmal überarbeiten und verbessern.
Je nach Lerninhalt und -intention der Klassenarbeit sowie der Bereitschaft der Lehrkraft dürfen die Spickzettel während der Klassenarbeit benutzt werden. Ist dies der Fall, wird der Spickzettel hinterher zusammen mit der Klassenarbeit eingesammelt und fließt in die Bewertung mit ein.

ÜBUNGSSPIELE KREIEREN

57

Übungsspiele verändern das Lerntempo

Übungsspiele sind zielgerichtete Tätigkeiten und daher handlungs- und produktorientiert. Dabei steht ihr Spielcharakter zumeist im Vordergrund. Außerdem schaffen sie ein anderes Lerntempo. Muße und Konzentration, Spannung und Lösung sowie Spaß und Ärger sind die Pole, die sich beim Spiel abwechseln.

Um die Ecke gedacht

Wenn die Schüler sich die Übungsspiele selbst ausdenken, ergibt sich der erste Übungseffekt schon bei der Ausarbeitung des Spiels, mit dem die Schüler sich auf diese Weise bereits intensiv auseinandersetzen. Damit einhergehend sind Engagement, Kreativität und vor allem Spaß, wie sich häufig bei den Schülern während der Entwicklung ihrer eigenen Spiele beobachten lässt.

Gleich mal ausprobieren

1. Fragespiele
2. Aufdeck- und Anlegspiele/Bilderspiele

1. Fragespiele

Beim Fragespiel werden Karten mit selbst entwickelten Fragen zu dem zu übenden Stoffgebiet in Einzel-, Partner- oder Gruppenarbeit erstellt. Verlangt wird hier ein gewisses didaktisches Geschick, was die möglichst sinnvolle und effektive Formulierung anspruchsvoller, aber eben auch angemessener Fragen angeht. Unterrichtsinhalte werden so zwingend systematisch wiederholt und geübt, da man sonst nicht in der Lage ist, geschickte Fragen zu stellen.
Einige gängige Varianten solcher Spiele sind Quartett, Trivial Pursuit, Quiz- und Brettspiele.

Achtung!

Es ist gar nicht so leicht, geschickte Fragen zu stellen, weil man den Unterrichtsstoff schon gut verstanden haben muss, um sinnvolle Fragen stellen zu können. Daher ist der Austausch mit anderen Schülern sehr hilfreich. Die Aufteilung der fachlichen Themen in Unterthemen, zu denen dann differenziert Fragen vorbereitet werden, hat sich ebenfalls als sehr positiv erwiesen.
Fragespiele eignen sich besonders als Abschluss einer Unterrichtseinheit oder eines Themas und als Vorbereitung auf eine Klassenarbeit oder einen Test.

2. Aufdeck- und Anlegespiele/Brettspiele

Aufdeck- und Anlegspiele trainieren das Gedächtnis mithilfe von Visualisierungen (Tipp 42, 58). Der Übungs- und Merkeffekt tritt durch die Verbindung von Bildern und Wörtern, Vokabeln, Fachtermini usw. ein. Zur Herstellung dieser Spiele ist eine gewisse zeichnerische Geschicklichkeit notwendig, die sich aber erlernen lässt, wenn Schüler sich entsprechend Mühe geben.

› Tipp 42, 58

Beispiele hierfür sind Memory (jeweils zwei Karten gehören zusammen) und Trimino/Trigom (gleichseitige Dreiecke müssen so aneinander gelegt werden, dass ein Bild/eine Zahlenkombination oder eine Frage (z. B. in Englisch) jeweils einem anderen Bild, einer Zahlenkombination oder einer Antwort entspricht. Gewonnen hat die Gruppe mit der kürzesten Lösungszeit).

Mit Visualisierungshilfen arbeiten

58

› Tipp 9

Wort-Bild-Assoziationen herstellen

Insbesondere diejenigen Schüler, die Lernstoff eher visuell aufnehmen, können mithilfe von Bildern besonders gut üben und auswendig lernen (Tipp 9). Sie verbinden vor ihrem geistigen Auge das Bild mit dem dazugehörigen Wort und assoziieren diese Verbindung auch noch nach längerer Zeit.

› Tipp 42

Dieses bildhafte Gedächtnis kann man sich zunutze machen, indem man z. B. beim Vokabellernen mit Visualisierungshilfen arbeitet (Tipp 42).

Um die Ecke gedacht

Das Fernsehen arbeitet unter anderem mit diesem Mittel, indem Bilder – auch ohne Ton – mehrmals hintereinander in gleicher Darstellung eingeblendet werden. So merken wir uns die bildhafte Darstellung z. B. in Verbindung mit dem Text oder der Sprache, und wenn wir nach längerer Zeit das gleiche Bild wiedersehen, erinnern wir uns meistens sehr genau an den Zusammenhang.

Gleich mal ausprobieren

Der Wortschatz zum Themenbereich „body" im Fach Englisch soll erweitert werden. Es gibt zwei Möglichkeiten, geeignete Bilder zu beschaffen: Entweder kümmert sich der Lehrer um verwertbare Computerausdrucke oder aber, und hierdurch erzielt man gleichzeitig einen ersten Übungseffekt, der Wortschatz wird auf die Schüler verteilt, die dann entweder selbst zeichnen oder z. B. passende Computerausdrucke oder

Zeitungsausschnitte besorgen. Die Bilder werden anschließend beschriftet und im Klassenraum für alle sichtbar aufgehängt.

Achtung!

Auch Adjektive lassen sich bildlich darstellen. Beispielsweise mithilfe von Piktogrammen:

small **big**

Bebilderte Sachbücher fördern das Verständnis

Viele Reihen und Bücherserien sind ebenfalls als „Bilderbücher" auf dem Markt: visuelle Lexikabände für fast alle Fachbereiche, visuelle Fachbücher mit dem Vermerk „Die Bildsachbücher der neuen Generation" usw.
Das Lesen und Anschauen dieser Bücher bereitet nicht nur den jüngeren Schülern sehr viel Spaß. Auch in den oberen Jahrgängen hört man immer wieder, dass Schüler mithilfe der bildhaften Darstellungen den Vorgang oder die Erklärung besser verstehen als ohne Visualisierungshilfen.

SOS-Tipp

Um die Übungsintensität auch dann unterstützen zu können, wenn visuelle Unterrichtsmaterialien mal Mangelware sind, können die Schüler kleine Zeichnungen und Grafiken selbst anfertigen. Es empfiehlt sich beispielsweise, bei kopierten Texten einen großzügigen Rand oder sogar freie Felder für Zeichnungen zu lassen. Der Rand eignet sich besonders, um die Inhalte chronologisch „mitzuzeichnen".

Auditive und audio-visuelle Medien einsetzen

59

Medien, die die Wahrnehmung über die Kanäle „Hören und Sehen" ansprechen, sind für viele Bereiche des Übens hilfreich.

Auditives Medium: CD-Player

Der Kassettenrekorder – bzw. mittlerweile immer häufiger der CD-Player – kann als auditives Medium eingesetzt werden, um beispielsweise

- Vokabeln zu lernen,
- die Aussprache zu üben,
- den Sprachduktus, die Satzmelodie und Betonung beim Vortrag eines Textes zu analysieren und gezielt zu verändern,
- die Wirkung rhetorischer Mittel zu überprüfen oder
- eigene sprachliche Unarten aufzunehmen, wahrzunehmen und abzustellen.

Auditive Medien fördern das Sprachvermögen

Systematisch verwendet und regelmäßig genutzt, erhöht das Üben mit auditiven Medien das Sprachvermögen der Schüler um ein Vielfaches. Auch der Mut, sich in einer Fremdsprache zu äußern, wächst. Es gibt kaum eine bessere Möglichkeit, das Sprechen allein, ohne Partner, zu üben.

› Tipp 50

Achtung!

Der gezielte Einsatz eines Mediums sollte unbedingt in der Schule eingeübt werden, damit die Schüler sach- und fachgerecht damit umgehen können (Tipp 50).

Audio-visuelles Medium: Video

Videoaufnahmen als audio-visuelles Medium haben den Vorteil, dass auch psychomotorische Verhaltensweisen beobachtet und überprüft werden können. Jüngere Schüler haben oft besondere Hemmungen, sich vor einer Kamera zu präsentieren. Wenn der Einsatz von Videoaufnahmen aber bereits in jüngeren Jahrgängen eingeführt wird, fällt es später umso leichter, sich mithilfe dieser Technik, die selbstkritisch überprüft werden kann, auf Präsentationen, öffentliche Auftritte oder Bewerbungsgespräche vorzubereiten.

Achtung!

Früh übt sich! Aber der Einsatz von Videoaufnahmen sollte mit höchstem pädagogischen Geschick eingeführt bzw. verwendet werden. Solange es sich um Aufnahmen einfacher Schüleräußerungen handelt, können diese auch im Klassenverband vorgestellt werden. Geht es aber z.B. um das Üben von Präsentationen mithilfe dieses Mediums, das die spätere Selbstkritik vonseiten der Schüler erfordert, um sich verbessern zu können, sollte die „Privatsphäre" der Schüler gewahrt werden und eine Präsentation der Aufnahmen nicht ohne Einwilligung des betroffenen Schülers erfolgen.

Ratsam ist grundsätzlich die erstmalige Überprüfung durch den Schüler allein oder zusammen mit dem Lehrer und erst anschließend mit einem Mitschüler oder in Kleingruppen.

Katalogisieren: Karteikartensysteme

60

Karteikarten sind nach wie vor die gebräuchlichste und einfachste Art, größere Informationsmengen zu ordnen und zu verwalten. Sie sind preiswert, und zur Aufbewahrung und Ordnung sind entsprechend große Pappkartons völlig ausreichend.

Gleich mal ausprobieren

Um sich überflüssige Arbeit zu ersparen, sollte man sich, bevor man einen Karteikasten anlegt, genau überlegen, was mit dieser Katalogisierungsmethode erreicht werden soll.

Größe der Karteikarten

- Sollen die Karteikarten längere Exzerpte (Tipp 67) enthalten? Dann eignet sich am besten ein DIN-A4-Format.
- Geht es eher um Stichwortsammlungen oder Daten wie z.B. Autor und Titel eines Textes? Dann besser DIN-A6- oder DIN-A7-Karten verwenden.

› Tipp 67

Ordnungskriterien

- Farbe: Karteikarten sind in sechs handelsüblichen Farben erhältlich, die man z.B. bestimmten Themenbereichen oder Fächern zuordnen kann.
- Register oder aufklemmbare Reiter: Je nachdem, ob die Inhalte alphabetisch oder nach vorgegebenen Kriterien geordnet werden sollen.

Achtung!

Auf keinen Fall die „Ordnungswut" übertreiben! 100 Karteikarten nach 40–50 Kriterien zu ordnen, macht das System völlig uneffektiv. Schon bei mehr als einem Dutzend Ordnungskriterien bedarf es einiger Übersicht, um das System noch zu bewältigen.

61 Katalogisieren: Pinnwände und Zettelsysteme

Mithilfe von Pinnwänden und Zettelsystemen kann ein komplexer Sachverhalt in seine einzelnen Bestandteile zerlegt, in Abschnitte untergliedert und auf seine Hauptthesen reduziert werden.

Übersichtliche Gestaltung von Informationen

Pinnwände, Flipcharts, Wandzeitungen, Tafeln usw. haben den Vorteil einer optisch übersichtlichen und strukturierten Gestaltungsmöglichkeit, die an sich schon das Ergebnis vorhergehender Erschließungsarbeiten sein kann. Gleichgültig, ob man die Pinnwand eher von links nach rechts und von oben nach unten strukturiert oder wie eine Mindmap (Tipp 71) anordnet – die entstandene Struktur bringt den weiteren Arbeitsprozess voran.

› Tipp 71

Ein echter Vorteil der Pinnwand gegenüber Wandtafeln, Wandzeitungen, Plakaten (Tipp 52) und Flipcharts ist, dass die entstandene Ordnung jederzeit verändert und den Arbeitsbedingungen neu angepasst werden kann, indem die einzelnen Zettel gegen neue ausgetauscht bzw. untereinander vertauscht werden können.

› Tipp 52

Um die Ecke gedacht

Insbesondere dann, wenn Katalogisierungsprozesse nicht allein, sondern in einer Gruppe eingeübt werden, kann die Pinnwand auch noch andere Funktionen übernehmen:

- Sie kann zur Ideensammlung oder zum Brainstorming genutzt werden.
- Sie kann als zentrales Organisationsinstrument eingesetzt werden, auf dem die Arbeitsteilung („Wer macht was?"), die genaue Zeitplanung („Was muss bis wann fertig sein?"), die Beschaffung der noch benötigten Materialien usw. festgehalten wird.
- Sie kann als Ergebnissicherung die wichtigsten Details festhalten.

SOS-Tipp

Ist an der Pinnwand das Chaos ausgebrochen, weil Zettel aufgrund ihrer hohen Anzahl halb oder ganz übereinanderhängen, sind Karteikarten im Kasten die bessere Alternative, um Informationen zu verwalten (Tipp 60).

› Tipp 60

Katalogisieren: Elektronische Datenbanken

62

Im Prinzip sind elektronische Datenbanken nichts anderes als „virtuelle Karteikästen", was schon am Design deutlich wird, denn ohne die optische Anlehnung an die simple Karteikarte kommt kaum eine elektronische Datenbank aus. Gegenüber dem „normalen" Karteikasten hat die Datenbank Vor- und Nachteile:

Vor- und Nachteil elektronischer Datenbanken

- Von Vorteil ist, dass die einmal eingegebenen Daten blitzschnell zur Verfügung stehen und man darüber hinaus mit einer Fülle unterschiedlichster Suchoptionen arbeiten kann – in dieser Hinsicht sind elektronische Datenbanken dem herkömmlichen Karteikasten (Tipp 60) weit überlegen.

› Tipp 60

- Nachteilig ist, dass man sich zunächst in das entsprechende Datenverarbeitungssystem einarbeiten muss, bevor man in den Genuss seiner Vorteile kommt.

Um die Ecke gedacht

Bevor man die Arbeit mit elektronischen Datenbanken aufnimmt und sich mit den entsprechenden Programmen auseinandersetzt, sollte man sich genau überlegen, ob der Aufwand wirklich lohnt, denn bei einer überschaubaren Menge von Informationen arbeitet man mit Papier (Karteikarte) und Stift oft schneller und effektiver. Erst dann, wenn es um wirklich große Datenmengen geht oder darum, diese Datenmengen immer wieder nach neuen Kriterien zu ordnen, ist der Einsatz einer elektronischen Datenbank wirklich sinnvoll.

Gleich mal ausprobieren

In den neueren Office-Paketen von Microsoft ist z.B. ein Programm zur Erstellung von Datenbanken enthalten (Access), in das man sich anhand der Hilfsoptionen über die Funktionstasten relativ einfach selbst einarbeiten kann. Organizer haben im Regelfall eine ähnliche Funktion. Auf der Basis von Access oder ähnlichen Programmen kann man sich aus dem Internet spezielle Datenbank-Anwendungen herunterladen (am einfachsten über eine Suchmaschine mit dem Stichwort „Datenbank“).

63 Lesetechniken: Punktuelles Lesen

Gezielt Informationen herausfiltern

Bei dieser Technik wird der Text nicht als Ganzes, sondern eher wie ein Mosaik betrachtet. Der Leser hat einzig das Interesse, einige für ihn wichtige Informationen zu erhalten – auf den logischen Aufbau, die Entwicklung der Argumentation und die Logik der Schlussfolgerungen kommt es ihm nicht an. Der Lektürevorgang wird daher auch immer wieder unterbrochen und an anderer Stelle des Textes fortgesetzt. Das ist natürlich sehr anstrengend, kann aber gerade dann, wenn man nur ganz bestimmte Informationen sucht, sehr effektiv sein.

Um die Ecke gedacht

Wenn es das punktuelle Lesen nicht schon gegeben hätte, hätte man es mit der Verbreitung des Internets direkt erfinden müssen, denn es eignet sich natürlich sehr gut für die Lektüre von Hypertexten, wie sie im Internet und auf CD-ROM üblich sind. Die fortlaufende Lektüre so eines Hypertextes ist eigentlich nur möglich, wenn man sämtliche Links ignoriert. Macht man dagegen vom Angebot der Verlinkung per Mausklick Gebrauch, landet man in einem verzweigten Netz von Informationen und Daten mit ungewissem Ausgang und dem Fehlen jeglicher Systematik.

Gleich mal ausprobieren

Wählen sie einen Hypertext bei „Wikipedia" aus. Überfliegen Sie ihn, und notieren Sie die wichtigsten Informationen auf einem Zettel (Tipp 69). In einem zweiten Arbeitsgang verfolgen Sie jeden Link und notieren auch hier das Wichtigste in knappen Stichworten. Vergleichen Sie anschließend die Notizen aus beiden Durchgängen miteinander.

› Tipp 69

Lesetechniken: Diagonales Lesen

64

Informationsaufnahme beschleunigen

Mit dem diagonalen Lesen kann die Informationsaufnahme erheblich beschleunigt werden.
Man nimmt sich dazu z. B. ein Kapitel oder einen Abschnitt eines Buches oder eines Zeitungstextes vor und überfliegt die Seiten mithilfe einer slalomförmig über die Seiten gleitenden Lesehilfe (Bleistift, Kugelschreiber oder auch einfach der eigene Zeigefinger), um so einen Überblick über den Inhalt des Kapitels zu erhalten.

Schnellen Überblick über einen Text verschaffen

Diese Technik versetzt den Leser in die Lage, nur die Schlüsselwörter, die die wichtigsten Informationen enthalten, aufzunehmen. Ziel des diagonalen Lesens ist es, einen Gesamtüberblick über einen Text, sein Thema und seine Details zu erhalten, um anschließend zu entscheiden, ob das Gelesene für die Beantwortung der vorgesehenen Fragestellung geeignet ist oder nicht.
Falls man also eine Vielzahl von Texten zur Auswahl hat, die man beim besten Willen nicht alle intensiv bearbeiten kann, eignet sich das diagonale Lesen wie keine andere Lesetechnik dazu, einen Überblick zu gewinnen und sich damit eine Entscheidungsgrundlage zu schaffen.

Achtung!

› Tipp 65

Das diagonale Lesen ersetzt natürlich nicht die intensive Lektüre des letztendlich ausgewählten Textmaterials (Tipp 65).

Gleich mal ausprobieren

Nehmen Sie sich einen längeren Text oder ein Buch unter einer ganz bestimmten Fragestellung vor: Mithilfe des diagonalen Lesens können Sie unwichtige Passagen oder Kapitel aussondern und den Umfang des zu bearbeitenden Materials damit erheblich reduzieren.

65 Lesetechniken: Intensives Lesen

Gutes Textverständnis erreichen

Ziel des intensiven Lesens ist ein methodisch kontrolliertes und sachlich durchdachtes Textverständnis. Dies setzt die Bearbeitung folgender Leitfragen durch den Leser voraus:

- Werden die argumentative Struktur und der logische Aufbau des Textes erfasst?
- Werden seine Hauptaussagen (Thesen) von den weniger wichtigen – evtl. sogar überflüssigen – Argumenten getrennt?

- Ist die Intention (Absicht) des Textes klargeworden?
- Kann man als Leser schließlich zu einem begründeten Urteil gelangen?

Achtung!

Der Übergang vom intensiven Lesen zum Exzerpieren (oder auch zur Herstellung einer Mindmap) (Tipp 67, 72) ist fließend, und jeder muss selbst entscheiden, wann er vom bloßen Lesen über das Unterstreichen zum eigenen Exzerpt bzw. zur Mindmap gelangt!
Die Trennung innerhalb der Tipps dient nur dazu, die einzelnen Arbeitsschritte genauer beschreiben und erläutern zu können.

› Tipp 67, 72

Gleich mal ausprobieren

Nehmen Sie sich einen längeren und im Schwierigkeitsgrad angemessenen Text vor und bearbeiten Sie ihn mithilfe der obigen Leitfragen.

LESETECHNIKEN: 4-GANG-LESETECHNIK

66

Ein besonders ausgefeiltes Konzept stellt die 4-Gang-Lesetechnik dar. Sie verbindet die Vorgehensweisen des intensiven Lesens und des beschleunigten Lesens miteinander. Diese Lesetechnik wird in vier systematischen Schritten vollzogen:

1. Überblick verschaffen
   Bei einem kürzeren Text versucht man, den Aufbau und die Gliederung zu erfassen, merkt sich Fettgedrucktes und Unterüberschriften sowie eventuelle Schlüsselwörter (Tipp 64).
   Soll ein ganzes Buch erarbeitet werden, schaut man sich das Inhaltsverzeichnis an, liest die Kapitelüberschriften und versucht, den Zusammenhang der einzelnen Kapitel nachzuvollziehen.

Überblick verschaffen

› Tipp 64

Fragen stellen

2. Fragen stellen
Jetzt werden alle Fragen notiert, die der Text beantworten soll. Im Anschluss wird der Text in entsprechende Abschnitte unterteilt. Auf diese Weise entsteht eine „individuelle“ Gliederung, die zum besseren Verständnis beiträgt.

Intensives Lesen

› Tipp 65

3. Intensives Lesen
Die Bedeutung der Fremd- und Schlüsselwörter wird nachgeschlagen, die grafischen Darstellungen werden nachvollzogen und die Hervorhebungen und Anmerkungen beachtet (Tipp 65).

Fragen beantworten

4. Fragen beantworten
Die gestellten Fragen werden beantwortet und eventuell wichtige Stichwörter notiert. Außerdem werden alle weiteren wichtigen Gedanken und Zusammenhänge in Form von Notizen festgehalten.

Gleich mal ausprobieren

Wählen Sie einen Text oder ein Buch aus und befolgen Sie die vier beschriebenen Schritte. Danach wird der Inhalt des Textes einem Partner laut vorgetragen oder auf Tonband gesprochen. Die beantworteten Fragen und die Notizen können die Grundlage für solch eine Wiedergabe bilden.

67 Exzerpte anfertigen

Das Exzerpieren stellt eine wichtige Arbeitstechnik zum Erfassen von Texten dar. Im Mittelpunkt steht dabei die gedankliche Aneignung eines Textes, zur gezielten Beantwortung einer Fragestellung im Gegensatz zur bloßen Textwiedergabe.

› Tipp 65

› Tipp 43

Parallel zum intensiven Lesen (Tipp 65) oder in einem zweiten Durchgang werden alle wichtigen Aussagen unterstrichen. Die Kunst des Markierens und Unterstreichens besteht vor allem darin, die richtige „Menge“ an Informationen zu kennzeichnen (Tipp 43).

Achtung!

Es ist natürlich völlig sinnlos, jedes einzelne Wort zu unterstreichen, denn dann wird nichts mehr als besonders wichtig hervorgehoben. Das andere Extrem ist aber ebenso falsch: Wer pro Seite im Durchschnitt vielleicht nur ein oder zwei Wörter anstreicht, dem entgeht eine Fülle von ebenfalls wichtigen Daten. Daher gilt ganz grob: Zwischen 20 Prozent und 40 Prozent der Informationen sollten markiert werden.

Markiertes funktional zuordnen

Ebenfalls parallel oder in einem nächsten Arbeitsgang werden die unterstrichenen Wörter oder Passagen funktional zugeordnet. Das kann z. B. mit den folgenden Abkürzungen geschehen:

- W = besonders wichtig
- Z = zentral (also noch wichtiger)
- N = in anderen Quellen (Lexika) genauer nachschlagen
- F = fraglich, unbewiesene Behauptung
- V = vertiefender Gedankengang
- I = illustrierendes Beispiel
- P = Problematisierung
- ? = unverständlich/missverständlich
- ?? = noch einmal genau überdenken
- Lit.=wichtige Literaturangabe

Um die Ecke gedacht

Dieser Tipp mag banal klingen, aber vielen Schülern fällt es schwer, beim Markieren sinnvoll vorzugehen, und für die Mehrzahl ist es keineswegs eine Selbstverständlichkeit, sich grundsätzlich nur mit einem Bleistift oder Textmarker in der Hand an die Lektüre zu machen.

SCHREIBTECHNIKEN: SCHREIBTYPUS BESTIMMEN

68

Es gibt – grob gesagt – vier unterschiedliche Schreibtypen, und jeder Schüler sollte

- wissen, welchem Typus er am ehestens entspricht und
- sich der jeweiligen Vor- und Nachteile bewusst sein.

Der Drauflos-Schreiber

TYP 1: Der Drauflos-Schreiber kann, sobald er entsprechende Materialien zum Thema gesammelt und sortiert hat, mit dem Schreiben beginnen. Ihm fällt zu jedem Stichwort etwas ein, das er sofort druckreif zu Papier bringen kann.

Achtung!

Menschen, die diesem Schreibtypus angehören, sind sicherlich häufig zu beneiden, leiden sie doch selten unter Formulierungsschwierigkeiten. Allerdings sollten sich „Drauflos-Schreiber" davor hüten, zu ausschweifend zu formulieren und dabei womöglich das Thema aus den Augen zu verlieren.

Der Nicht-wissen-wo-anfangen-Schreiber

TYP 2: Dem Nicht-wissen-wo-anfangen-Schreiber fällt einfach nichts ein. Ein leeres Blatt Papier bereitet ihm eher Schwierigkeiten. Daher sollte sich dieser Typus zuerst einen Themenplan, ein Inhaltsverzeichnis oder ein Exposé mit Stichwörtern erstellen. Hieran kann man sich orientieren und ein Stichwort nach dem anderen abarbeiten.

SOS-Tipp

Wenn die „Leere-Blatt-Situation" lähmend wirkt und diesen Schreibtypus völlig blockiert, gilt: „Weniger ist mehr." Wichtig ist, dass man erst einmal überhaupt etwas zu Papier bringt. Danach ist es leichter, weiterzuschreiben.

Der Bis-auf-die-letzte-Sekunde-warten-Schreiber

TYP 3: Der Bis-auf-die-letzte-Sekunde-warten-Schreiber schreibt alles erst in allerletzter Sekunde auf. In diesem Fall bleibt nur noch die streng reglementierte Arbeit nach Plan

– und das möglichst schnell und effektiv. Es gilt, das Thema so schnell und fachlich korrekt wie möglich zu bearbeiten. Also keine umfangreichen Pläne mit inhaltlichen Strukturen erstellen und nicht vorschreiben, sondern direkt mit der Reinschrift (am PC oder handschriftlich) beginnen.

Achtung!

Diesem Typus wird ein hohes Maß an Konzentration und Arbeitswillen abverlangt. Es ist daher besonders auf die Rechtschreibung (Rechtschreibprogramm nutzen) und die Zeichensetzung zu achten, denn aufgrund des Zeitmangels entstehen leichter Fehler.

Der Ständig-verwerfend-Schreiber

TYP 4: Der Ständig-verwerfend-Schreiber stellt immer wieder fest, dass der entworfene Themen- und Arbeitsplan nicht einzuhalten ist und mit dem geschriebenen Text nicht übereinstimmt. Was tun? Das Inhaltsverzeichnis ändern, einen neuen Text schreiben oder alles verwerfen? Er verwirft und beginnt von Neuem!

Achtung!

Bevor man einen Text gänzlich verwirft oder auch nur das Inhaltsverzeichnis ändert, muss man sehr genau abwägen, ob es sich nur um eine momentane „Laune" handelt oder ob man durch die Tätigkeit des Schreibens so viel Wissen dazugewonnen hat, dass sich die Struktur des Textes zwangsläufig verändert.

Auf keinen Fall voreilig bereits getane Arbeit und fertig Geschriebenes entsorgen! Wer weiß, ob man die eine oder andere Passage nicht doch noch gebrauchen kann.

Gleich mal ausprobieren

Geben Sie Ihren Schülern einen entsprechenden Schreibauftrag und bitten Sie sie, sich bei der Bearbeitung der Aufgabe zu beobachten. Welchem Schreibtypus würde sie sich jeweils zuordnen?

69 Schreibtechniken: Assoziierend-paralleles Schreiben

Der Schwerpunkt dieser Technik liegt auf dem gleichzeitigen Lesen und Schreiben. Immer dann, wenn man beim Lesen eine gute Idee hat, beginnt man zu schreiben – und zwar das, was einem gerade einfällt. Die Zeit des Schreibens sollte auf ungefähr fünf Minuten begrenzt sein. Jede Stelle des Textes, die einem wichtig erscheint oder die Anreiz für interessante Exkurse bietet, wird als Schreibanlass genutzt. Nach Abschluss der Lesetätigkeit werden alle aufgeschriebenen wichtigen Ideen zu einem freien Text zusammengefasst und präsentiert.

Gleichzeitig lesen und schreiben

› Tipp 68

Um die Ecke gedacht

Diese Technik bietet sich primär für diejenigen an, die dem „Nicht-wissen-wo-anfangen-Schreiber"-Typ (Tipp 68) zuzurechnen sind. Sie hat aber auch für die anderen Schreibtypen Vorteile:

- Der produktive Akt des Schreibens ist sehr eng mit dem reproduktiven Akt des Textlesens und -verstehens verbunden.
- Die Anstrengung des eigenständigen Formulierens wird so deutlich reduziert.
- Die schriftlich fixierten Arbeitsergebnisse sind Anlass für schnelle Erfolgserlebnisse.

Gleich mal ausprobieren

Üben Sie den Prozess des parallelen Lesens und Schreibens mit Ihren Schülern bewusst ein, anfangs z. B. indem Sie einen Text abschnittsweise vorlesen. Später können die Schüler die Methode dann selbst individuell an weiteren Texten vervollkommnen.

Wissen strukturieren 70

„Manchmal sieht man den Wald vor lauter Bäumen nicht." Ohne Strukturierung sind Erkenntnis und Erkenntnisfortschritt nicht möglich; die Welt an sich besteht aus einem kaleidoskopartigen Durcheinander, das mithilfe von Ordnungen und Strukturen entwirrt werden kann.

Um die Ecke gedacht

Neuere sprachwissenschaftliche Untersuchungen gehen davon aus, dass Inkas und Azteken die auf Pferden an Land reitenden Konquistadoren nicht als reitende Menschen sehen konnten, sondern Pferd und Reiter als ein einziges – göttliches – Wesen wahrgenommen (und sich ihnen bedingungslos unterworfen) haben. Da weder Inkas noch Azteken bis dahin jemals in ihrem Land ein Pferd gesehen hatten, fehlten ihnen die sprachlich-begrifflichen Strukturen, um „Pferd" zu denken und zu sehen.

Es gibt unterschiedliche Möglichkeiten, Gedanken und Wissen zu strukturieren (Tipp 71–79). Dazu gehören u. a.:

› Tipp 71–79

- Mindmapping,
- Clusterbildung,
- Kartenabfragetechnik,
- Grafiken, Tabellen, Diagramme.

Mindmapping I 71

Die Methode des Mindmapping ist eine Möglichkeit, dem Chaos der Gedanken auf Papier Struktur zu geben (Tipp 70). Aufgrund der Tatsache, dass das Mindmapping Visualisierungs-, Strukturierungs- und Merktechnik miteinander verknüpft, entsteht eine Vielzahl von Umsetzungsmöglichkeiten. Zudem wird durch die Art der Darstellung die Leistungsfähigkeit beider Gehirnhälften optimal genutzt.

› Tipp 70

Gedankenchaos ordnen

Mindmapping-Regeln

Die wichtigsten Regeln für das Mindmapping:

- Ein unliniertes, quer liegendes DIN-A4-Blatt benutzen.
- Ein Schlüsselwort oder ein Bild wird in die Mitte des Blattes geschrieben bzw. gezeichnet und deutlich hervorgehoben.
- Zur besseren Lesbarkeit in Druckbuchstaben oder in Blockschrift schreiben. Die Wörter dürfen nicht quer oder schräg aufgeschrieben werden, sondern müssen zu lesen sein, ohne das Blatt wenden zu müssen.
- Für jede Assoziation wird ein Hauptthema auf einen Hauptast geschrieben.
- Weitere Assoziationen werden auf zu den Hauptästen passenden Nebenästen notiert. Die Linien der Nebenäste sind dünner und weiter verzweigt als die der Hauptäste.
- Auf jeden Ast wird nur ein Wort geschrieben.
- Mögliche Ergänzungen: zusätzliche Ebenen, Farben, Bilder, Symbole, Zeichen und Pfeile. Der ästhetischen Gestaltung sind keine Grenzen gesetzt (Tipp 72).

› Tipp 72

Gleich mal ausprobieren

1. Stufe: Gedanken zu einem Thema notieren

In die Mitte eines quer liegenden unlinierten DIN-A4-Blattes wird ein Schlüsselwort, ein Begriff, ein Thema, ein Gegenstand oder ein Problem (in einem kurzen Satz) geschrieben und eingekreist. Weitere Assoziationen werden vom Mittelpunkt aus mit nach außen gezogenen Linien notiert. Jeder dieser Äste enthält nur einen Aspekt oder ein Symbol. Die Reihenfolge spielt dabei keine Rolle. Mit Farben und Bildern kann die Gedankenlandkarte anschaulicher gestaltet werden.

2. Stufe: Vorformulierte Gedanken strukturieren

Durch die Bildung von Oberbegriffen wird versucht, eine logische Struktur zu finden (Tipp 44). Diese Begriffe werden auf vier bis acht Nebenäste geschrieben, die dann durch weitere Nebenäste mit inhaltlich zugeordneten Unterbegriffen ergänzt und erweitert werden können. So entsteht eine Gedankenlandkarte, die Gedankengänge und ihre Beziehungen untereinander bildlich widerspiegelt.

› Tipp 44

Auch in Bezug auf die Form der Darstellung gibt es bei der Erstellung von Mindmaps unterschiedliche Vorlieben:
Es können Gedankenlandkarten mit einer Baumstruktur, Heugabelstruktur, Fischgrätenstruktur oder Blasenstruktur entstehen. Durch die Wahl der Symbole und Farben (rufen Assoziationen und Empfindungen hervor) ergeben sich Abbildungen, die unterschiedliche Eingangskanäle des Gehirns ansprechen und damit die Speicherung von Informationen deutlich verbessern (Tipp 9).

Darstellungsformen einer Mindmap

› Tipp 9

Achtung!

Jeder Schüler zeigt bei der Gestaltung von Mindmaps unterschiedliche Vorlieben und Gewohnheiten – entsprechend gibt es keine allein richtigen Musterlösungen, aber durchaus unterschiedliche Qualitätsstufen von Mindmaps, was die Genauigkeit und Komplexität der visualisierten Gedanken angeht.

Gleich mal ausprobieren

Wenn diese Technik bereits zur Strukturierung eingesetzt wird, sollte eine gezielte Qualitätsverbesserung Bestandteil des Übungscurriculums sein:
Im ersten Schritt geht es um das Lesen und Verstehen von Gedankenlandkarten und um die Herstellung einfacher Zusammenhänge.
In einem zweiten Schritt können die Schüler aufgefordert werden, selbst immer komplexere Gedanken zu Papier zu bringen und zu strukturieren. Dabei sind Hilfestellungen und Verständnisfragen des Lehrers förderlich und notwendig (Tipp 31).
Erst wenn die Schüler die Methode verinnerlicht haben, sind sie in der Lage, sie gezielt für entsprechende Strukturierungen eines Textes, eines Buches, bestimmter Zusammenhänge von Fachinhalten usw. einzusetzen und sie gegen andere Methoden abzuwägen.

› Tipp 31

Cluster bilden

73

Das Wort „Cluster“ kommt aus dem Englischen und bedeutet so viel wie „Büschel“, „Bündel“ oder „Traube“.

Bei der Clusterbildung werden die „subjektiven Theorien“ der Schüler, also das, was jeder Einzelne ganz konkret an Vorwissen und Voreinstellungen zu einem bestimmten Thema oder Themenbereich mitbringt, offen dargelegt – nämlich auf Papier gebracht.

Übung zur Informationsverarbeitung

Gleichzeitig stellt die Clustertechnik eine effektive Möglichkeit zur Übung der Informationsverarbeitung dar.

› Tipp 72

Die Art der Darstellung und Verknüpfung ähnelt dem Mindmapping (Tipp 72). Jedoch sind die Vorgaben bei der Clusterbildung nicht ganz so strikt und haben daher, je nach Alter der Schüler unterschiedlich ausgeprägt, folgende Vorteile:

Vorteile der Clusterbildung

- Die Zentral- oder Hauptidee wird deutlich herausgestellt.
- Die relative Bedeutung jeder Idee tritt sinnfällig in Erscheinung: Wichtige Ideen befinden sich in der Nähe des Zentrums, weniger wichtige in den Randzonen.
- Die Verknüpfungen zwischen den Schlüsselbegriffen werden durch ihre Linienverbindungen leicht erkennbar.
- Im Ergebnis fördern Cluster die Erinnerung und erleichtern die Wiederholung.
- Die Art der Struktur macht es möglich, neue Informationen leicht zu ergänzen, ohne die Übersichtlichkeit durch störende Streichungen und eingezwängte Nachträge zu reduzieren.
- Die Cluster unterscheiden sich deutlich in Form und Inhalt voneinander. Das erleichtert die Erinnerung.
- Im kreativen Bereich des Aufzeichnens, etwa bei der Vorbereitung von Aufsätzen und Reden, sind neue Ideenverknüpfungen, aufgrund des nach allen Seiten hin offenen Kartenschemas, problemlos möglich.

Cluster lassen gegenüber den Mindmaps einen höheren Grad an Flexibilität sowohl in der Darstellung als auch in der Bündelung zu. Zwar fehlen die Haupt- und Nebenäste, dafür werden Zusammenhänge durch zahlreiche Symbole und Pfeile verdeutlicht.

Cluster vs. Mindmaps

Achtung!

Die individuellen Cluster müssen stets interpretierend präsentiert werden, da sich das Bild nicht von allein erklärt.

Die Clusterbildung spricht nicht nur die kognitive Ebene an. Die kreativen Fähigkeiten der Schüler werden ebenso gefordert, wie auch ihre persönlichen Einstellungen und gesammelten Erfahrungen in den Unterricht einbezogen werden (Tipp 11).

› Tipp 11

Mit Kartenabfragetechnik Wissen ordnen

74

Die Kartenabfragetechnik ist eine Sortiertechnik, bei der Ordnung in eine künstlich produzierte oder natürlich bestehende Unordnung gebracht werden muss.
Sie eignet sich besonders für die übende Wiederholung (Tipp 20), bei der individuelle Wissenslücken sichtbar gemacht werden.

› Tipp 20

Die vier Schritte der Kartenabfrage sind:

- Ideensammlung
- Strukturierung
- Visualisierung
- Ergänzung

4 Schritte der Kartenabfrage

Gleich mal ausprobieren

Ausgangspunkt der Abfrage ist die Sammlung von Informationen und erworbenem Faktenwissen mithilfe von Karten.

Entweder in einer kleinen Gruppe oder auch mit der ganzen Klasse werden die Ideen der Schüler jeweils auf einzelnen Karten notiert und gesammelt. Man kann diese Karten wahlweise an die Tafel oder an einzelne Pinnwände der Gruppen hängen, an einer vorbereiteten Wandzeitung aufhängen oder auf dem Fußboden auslegen. Gemeinsam strukturieren die Schüler dann die gesammelten Ideen.
Nicht verständliche Vorschläge werden aussortiert und fehlende Begrifflichkeiten und Ideen können beliebig ergänzt bzw. erweitert werden. Mithilfe von Symbolen, Pfeilen, Farben und Bildern können Zusammenhänge dargestellt und Strukturen visualisiert und verbalisiert werden.

Wissenslücken schließen

Das Ziel dieser strukturierenden Übung ist, das Vorwissen und die Ideen der Schüler zu sammeln und zu ordnen. Dabei ist die Notwendigkeit der Zusammenarbeit mit anderen von Vorteil. So können eigene Wissenslücken entweder durch die Gruppenmitglieder oder auch mithilfe des Lehrers geschlossen werden. Außerdem wird das Gehirn durch die Sammlung der Ideen zum weiteren Nachdenken angeregt und kann durch die Assoziationen mit den bereits bestehenden Karten eventuell schon vergessen geglaubtes Wissen wieder aktivieren.

Grafiken, Tabellen und Diagramme

75

› Tipp 77, 78

Es gibt verschiedene Arten der Visualisierung, mit denen die Schüler im Laufe ihrer Schulzeit konfrontiert werden. Das selbstständige, systematische Erstellen dieser Schaubilder, ihre Interpretation wie ihre Auswertung (Tipp 77,78), müssen von den Schülern ebenso erlernt werden wie die Zuordnung der grafischen Darstellungsart.

Visualisierungsarten

Folgende Arten der Visualisierung sind u. a. möglich:

- Listen und Tabellen: Urlisten, Strichlisten, Häufigkeitstabellen,

- Diagramme: Säulendiagramme (Tipp 76), Balkendiagramme, Stabdiagramme, Bilddiagramme (Piktogramme), Kreisdiagramme, Blockdiagramme,
- Flussdiagramme (Organigramme) (Tipp 79),
- Kurvendiagramme (Funktionen, Relationen).

› Tipp 76
› Tipp 79

Achtung!

Schüler müssen das Erstellen von Schaubildern systematisch und regelmäßig üben und dies nicht nur in einem Fach, sonst besteht die Gefahr der Einseitigkeit!
Auch wenn sich der Mathematikunterricht aufgrund der Datenlage für das Auswerten und Anfertigen von Schaubildern besonders eignet, sollten zur Sicherung der thematischen Vielseitigkeit weitere Unterrichtsfächer für die Anbahnung und Ausweitung der Kompetenzen einbezogen werden. Entsprechend der Datenlage kommen für die Erstellung von Tabellen und grafischen Darstellungen insbesondere die Fächer Politik, Geografie, Geschichte und Biologie infrage.

Säulen-, Torten- und Kurvendiagramme 76

Säulen-, Torten- und Kurvendiagramme sind besonders dazu geeignet, Entwicklungen und Tendenzen grafisch zu verdeutlichen.

Achtung!

Diese Darstellungsarten eignen sich allerdings auch hervorragend zur Manipulation!
Allein die Wahl eines Maßstabes kann z. B. die Aussagen eines Kurven- oder Säulendiagramms extrem beeinflussen: Je kleiner man den Maßstab auf einer der beiden Achsen wählt, desto größer werden die Ausschläge der Kurve. Diese Tatsache gilt es bei der Auswertung und Interpretation von Diagrammen besonders zu beachten.

Gleich mal ausprobieren

Trainieren Sie Ihre Schüler bei der Auswertung und Interpretation von Diagrammen dahingehend, darauf zu achten, ob die Aussagen angemessen deutlich, übertrieben und dramatisiert oder aber auch künstlich heruntergespielt wirken (Tipp 77, 78).

› Tipp 77, 78

Die Schüler müssen durch entsprechendes Üben nicht nur einen Blick dafür entwickeln, was das jeweilige Diagramm zeigt, sondern auch, was es durch die Wahl des Forschungsdesigns verschweigt oder verzerrt. Folgende Fragen können dabei helfen:

Aussagekraft des Forschungsdesigns

- Ist die Erhebungsstichprobe groß genug, um wirklich repräsentativ zu sein?
- Wurden Suggestivfragen gestellt?
- Was wurde nicht gefragt?

Natürlich werden diese Details des Forschungsdesigns meistens gar nicht veröffentlicht – aber genau das kann und muss dann zum Thema der kritischen Analyse gemacht werden.

Schaubilder auswerten I

77

„Ein Bild sagt mehr als tausend Worte."
Dieses Zitat bezog sich ursprünglich auf Zeitungsfotos, lässt sich aber ohne weiteres übertragen: Mit einem Säulendiagramm, einer Tabelle oder einem Flussdiagramm (Tipp 75, 76, 79) lassen sich häufig komplexe Informationen zielsicher auf den Punkt bringen und umständliche, langatmige Erläuterungen effektiv vermeiden.

› Tipp 75, 76, 79

Allerdings sollte die Tatsache nicht unterschätzt werden, dass man zwar häufig mit einem Blick erkennen kann, was ein Schaubild darstellen soll, aber seine Aussagekraft – und das, was es verschweigt – damit noch lange nicht klar und geklärt ist.

Für das angemessene Verständnis von Schaubildern ist nicht nur das richtige Lesen unabdingbar, sondern mindestens ebenso wichtig sind das methodisch kontrollierte Vergleichen und das Interpretieren des Datenmaterials (Tipp 78).

Analyse des Datenmaterials

› Tipp 78

Achtung!

Erfahrungsgemäß haben sehr viele Schüler immer wieder Probleme mit der Auswertung von Schaubildern und scheitern oft an banalen Dingen, wie z.B. Achsenbeschriftung und Maßstabswahl, Hauptaussage oder ausgeblendete Tatbestände.
In der Regel gehören die Interpretation und die Darstellung von Schaubildern in den Klassen fünf und sechs zwar zum normalen Unterrichtsalltag, sollten aber auch in höheren Jahrgängen regelmäßig aufgefrischt und auf andere Sachzusammenhänge angewendet werden (Tipp 23), damit die Kompetenzen nicht in Vergessenheit geraten.

› Tipp 23

Schaubilder auswerten II

78

Nachfolgend werden fünf Schritte als Hilfestellung zur Auswertung und Interpretation von Tabellen und Diagrammen dargestellt und erläutert.
Mit Ausnahme des ersten Schrittes erfordern alle weiteren die Aktivierung bereits vorhandenen (oder sich noch anzueignenden) Vorwissens, da sie über die reinen Zahlen hinausgehen und somit Kenntnisse verlangen, die sich aus der Deutung der bloßen Zahlen nicht ergeben.

In 5 Schritten zur umfassenden Deutung

1. Schritt: Was wird dargestellt? Vor welchem Hintergrund?
- Was ist das genaue Thema?
- Welche Zusammenhänge werden untersucht?
- Was ist an der Tabelle/dem Diagramm aktuell wichtig/von Bedeutung?

2. Schritt: Beschreibung des „Forschungsdesigns“
- Wer hat die Untersuchung durchgeführt?
- Wie groß war der Kreis der Befragten/Probanden?
- Wer wurde wie befragt?
- Wann wurde die Untersuchung durchgeführt?
- Wie lauteten die Fragen und Alternativen?
- Aber auch: Worüber gibt die Tabelle/das Diagramm keine Auskunft?

3. Schritt: Genaue Beschreibung der Tabelle/des Diagramms

› Tipp 75, 76, 79

- Welche Art der grafischen Darstellung wurde gewählt (Tipp 75,76,79)?
- Was sind die grafischen, bildlichen, zeichnerischen Hilfsmittel?
- Was ist der gewählte Maßstab?

4. Schritt: Die eigentliche Interpretation der Zahlen
- Welche der Spalten und/oder Reihen sind wichtig, welche eher unwichtig?
- Wie kann man sich primär orientieren?
- Kann man Teile der Tabelle/des Diagramms zu größeren (Sinn-)Abschnitten ordnen?
- Kann man einzelne Abschnitte übergreifend zusammenfassen?
- Welche Zahlen sind auffällig?

5. Schritt: (nur wenn ausdrücklich verlangt!) Erörterung der Ursachen derjenigen Entwicklungen, die durch die Zahlen ausgedrückt werden
- Welche Ereignisse könnten für das gesamte Zahlenwerk, für die auffälligen Eigenarten und Besonderheiten und Kontinuitäten verantwortlich sein (z. B. geschichtliche, gesellschaftliche, naturwissenschaftliche Hintergründe)?
- Welche Ursachen könnten sich hinter diesen Ereignissen verbergen?
- Wie sind diese Ereignisse/Ursachen zu beurteilen?
- Welche Folgerungen/Konsequenzen für die Zukunft ergeben sich?

Gleich mal ausprobieren

Bitten Sie Ihre Schüler, anhand der aufgeführten Schritte, ein ausgewähltes Diagramm zu interpretieren. Die Ergebnisse zu den einzelnen Schritten werden anschließend im Klassenverband diskutiert.
Bieten Sie Ihren Schülern im Sinne eines Spiralcurriculums immer wieder Übungsaufgaben in den unterschiedlichen Unterrichtsfächern an, damit das richtige Lesen und Auswerten von Schaubildern regelmäßig aufgefrischt wird und in weiteren Jahrgängen darauf aufgebaut werden kann.

FLUSSDIAGRAMME

79

Darstellung von alternativen Prozessen

Flussdiagramme (auch Organigramme genannt) eignen sich besonders gut, um Verlaufs- bzw. Entscheidungsprozesse grafisch deutlich und nachvollziehbar zu machen. Die eigentliche Stärke dieser Form der optischen Aufbereitung liegt in der ebenso deutlichen wie strukturierten Darstellung von Prozessen, bei denen an bestimmten Stellen zwei oder mehr Alternativen möglich sind. Die Konsequenzen, die die Entscheidung für jeweils eine der Alternativen hat, lassen sich bis ins Detail grafisch darstellen.

Achtung!

Flussdiagramme, die als Visualisierungsmittel eingesetzt werden, können leicht unübersichtlich werden – meistens dann, wenn man der Versuchung erliegt, zu viel in einem Diagramm unterbringen zu wollen. Dies kann die Zuhörer bei der Präsentation durch die Überfrachtung mit Informationen leicht überfordern.

Schüler sollten schon früh damit beginnen zu üben, Flussdiagramme zu lesen und zu interpretieren, um nicht vorschnell vor Unübersichtlichkeit und Komplexität zu kapitulieren.

Um nicht überfordernd und demotivierend zu wirken, sollte ein Schülerübungsprogramm für den Umgang mit Flussdiagrammen einerseits immer den Komplexitätsgrad analog zur Altersstufe berücksichtigen und sich andererseits an folgenden Gesichtspunkten orientieren:

Flussdiagramme richtig auswerten

- Welches Thema beschreibt das Flussdiagramm?
- Was sagt das Flussdiagramm überhaupt aus?
- Was bleibt außerhalb der Darstellung, wird ignoriert und nicht in die Darstellung aufgenommen?
- Von welcher Art sind die logischen Verknüpfungen und Verzweigungen? Sind es klare Ja-/Nein-Alternativen? Geht es um Entscheidungen vom „Wenn/Dann-Typus"? Stehen fakultativ mehrere Möglichkeiten parallel zur Auswahl?
- Ist es möglich, die Aussage des Diagramms auf eine oder einige wenige Kernaussagen zu elementarisieren?

80 Sich Grundfertigkeiten des Übens aneignen

Planungstechniken sind Grundfertigkeiten, die sich sowohl Schüler als auch Lehrer für ein effektives Üben und Arbeiten aneignen sollten. Stehen diese Fertigkeiten im Einklang miteinander, ist damit der Grundstein für ein erfolgreiches Üben gelegt.

Organisationstechniken, Sozialmanagement, Zeitmanagement

Zu den Planungstechniken gehören im Wesentlichen Organisationstechniken, Sozialmanagement und Zeitmanagement. Auch wenn sie im Alltag unmittelbar miteinander verknüpft sind, zeichnen sie sich jeweils durch die folgenden Merkmale aus:

› Tipp 81–84

Organisationstechniken (Tipp 81–84)
- Management von Arbeitsmaterial
- Systematisierung von Arbeitsmaterial
- Funktionstauglichkeit
- Rahmenbedingungen

Sozialmanagement (Tipp 85, 86)
- Motivationsmanagement
- Verbindlichkeit

› Tipp 85, 86

Zeitmanagement (Tipp 87–89)
- Selbstmanagement
- Management von Materialien und Medien
- Management von Schulfächern und Lernphasen

› Tipp 87–89

Gleich mal ausprobieren

Stellen Sie den Schülern eine Aufgabe und geben Sie ihnen mehrere Wochen Zeit für die Bearbeitung. Verabreden Sie mit den Schülern eine wöchentliche Bestandsaufnahme, innerhalb derer sie über ihr persönliches Zeitmanagement, ihre Arbeitsweise sowie ihre Organisationstechnik berichten und sich austauschen.

81 Arbeitsmaterial bereithalten

Übungs-, Arbeits- und Unterrichtsmaterial

Beim Management von Arbeitsmaterial geht es vor allem um die Bereitstellung des relevanten Übungs-, Arbeits- und Unterrichtsmaterials.
Dabei sollen
- vorhandene Materialien vor Beginn einer Übung (z. B. Quellentexte, Formelsammlungen, Lexika usw.) auf Vollständigkeit geprüft und griffbereit hingelegt werden,
- Kopien derjenigen Materialien, in denen nicht unterstrichen oder etwas markiert werden darf, angefertigt und bereitgelegt werden,
- diejenigen Materialien, die für das Thema ungeeignet sind, vom Arbeitsplatz entfernt und entsprechend einsortiert werden.

Auf diese Weise kann für einen konzentrierten und reibungslosen Arbeitsablauf, ein angenehmes Arbeitsklima und effektives Üben gesorgt werden.

SOS-Tipp

Viele Schulen stellen ihren Schülern Unterrichtswerke gegen eine Leihgebühr zur Verfügung. Oft entsteht dadurch das Problem, dass Texte nicht weiter „bearbeitet“ werden können, da keine Begriffe markiert werden dürfen.
Der Lehrer muss in diesen Situationen abwägen, inwiefern der Text/das Thema relevant ist und welche Kompetenz durch das Herausarbeiten gestärkt werden soll.
Entweder werden den Schülern rechtzeitig Kopien zur Verfügung gestellt oder die Schüler schreiben aus den zu bearbeitenden Informationstexten diejenigen „Schlüsselbegriffe“ heraus, mit denen die gestellte Aufgabe dann bearbeitet werden kann.

Um die Ecke gedacht

Das Bereitstellen der Materialien ist natürlich ein Tipp für Schüler *und* Lehrer!
Um während der Übungsphasen unnötige Unruhe zu vermeiden, lohnt es sich auch für Lehrer, vor Unterrichtsbeginn den Ablauf im Kopf durchzugehen und die dafür vorgesehenen Arbeitsmaterialien wie beispielsweise Folien, Tageslichtprojektor, Arbeitsblätter usw. zurechtzulegen bzw. bereitzustellen.

82 Arbeitsmaterial systematisch ordnen

Bei der Systematisierung geht es darum, ein den eigenen Lernprozess begleitendes, sinnvolles Ordnungs- und Archivierungssystem von Materialien zu entwickeln.
Dazu gehört:

› Tipp 60–62

1. Die eigenen Materialien mithilfe unterschiedlicher Erschließungstechniken ordnen und archivieren (z. B. Karteikarten, Pinnwände, elektronische Datenbanken, Ablagesysteme für Arbeitsblätter usw.) (Tipp 60–62).

2. Benötigte Hilfs- und Schreibmittel in unmittelbarer Nähe des Arbeitsplatzes platzieren.
3. Papier zum Schreiben und Ausdrucken, Notizblöcke usw. griffbereit halten.
4. Bücher und Arbeitsmaterialien nach Fachbereichen oder Fächern ordnen und hinstellen.
5. Ablagemöglichkeiten für erledigte und unerledigte Aufgaben schaffen.

Um die Ecke gedacht

Das Geheimnis der Systematisierung bzw. grundsätzlich von Archivierungs- oder Ordnungssystemen liegt nicht unbedingt im Erstellen bzw. Bereitlegen, sondern im Anwenden und Nutzen der zur Verfügung stehenden Materialien und Systeme!
Da das Arbeiten und Lernen ganz individuell funktioniert, muss es auch individuell gestaltbar sein. Das gilt auch für das Arbeitsumfeld (Tipp 84).

› Tipp 84

Systematisierung im Unterricht

Was die Systematisierung im Unterricht betrifft, so ist es durchaus sinnvoll, wenn vonseiten der Lehrkraft Vorgaben gemacht werden. Diese sollten aber nicht zu eng gefasst sein: Die individuellen Arbeitstechniken der Schüler sollten berücksichtigt werden, idealerweise, indem sie ihr eigenes System entwickeln.

Achtung!

Mit den Schülern zu einer „sinnvollen“ Systematisierung im Schulalltag zu gelangen, kostet sehr viel (Unterrichts-) Zeit. Auf den ersten Blick fällt die Zeit, die dadurch für „echte Unterrichtsthemen“ fehlt, negativ auf. Sehen Sie das Training zur Systematisierung aber unbedingt als Investition! Je besser die Schüler diese Techniken später im Alltag beherrschen, desto reibungsloser wird der Unterricht funktionieren.

83 Arbeitsmaterial auf Funktionstauglichkeit prüfen

Zur Organisation am Arbeitsplatz gehört auch, dass eine Reihe wichtiger Arbeitsmaterialien grundsätzlich auf ihre Funktionstauglichkeit hin kontrolliert werden sollte. Das Gleiche gilt auch für die verwendeten Medien, deren einwandfreier technischer Einsatz stets gesichert sein sollte.

Die folgende Auflistung stellt natürlich nur einen exemplarischen Auszug dar und kann – je nach Unterrichtsfach – noch ergänzt werden. Aus praktischen Gründen wird zwischen Arbeitsmaterialien für Schüler und Arbeitsmaterialien für Lehrer unterschieden:

Arbeitsmaterialien im Verantwortungsbereich der Schüler

Arbeitsmaterialien, die auf Schülerseite überprüft werden müssen, sind beispielsweise:
- Taschenrechner,
- Papier (Blöcke, Hefte usw.),
- Geodreieck und Lineal,
- angespitzte Bleistifte,
- funktionierende Füller, Marker usw.

Arbeitsmaterialien im Verantwortungsbereich der Lehrer

Arbeitsmaterialien, die auf Lehrerseite überprüft werden müssen, sind beispielsweise:
- Folien,
- Notenblätter,
- Folienstifte, Filzstifte, Kreide,
- Magnete,
- Tafelschwamm, ggf. Tuch und Abzieher.

Einsatzbereite Medien

Medien, die eingesetzt werden sollen oder als möglicher Ersatz vorgesehen sind und somit ebenfalls einer Überprüfung bedürfen, sind beispielsweise:
- Tageslichtprojektor,
- CD-Player,
- Kassettenrekorder,
- Aufnahmegeräte,
- Fernsehgeräte,

- Videorekorder,
- DVD-Player,
- Elektronische Instrumente (z. B. Keyboards, Verstärker für E-Gitarren/Bässe usw.).

Achtung!

Nicht jeder Klassenraum verfügt über die nötige technische Ausrüstung. Durch das Organisieren dieser Medien oder eventueller Ersatzgeräte schon vor Unterrichtsbeginn werden unnötige Pausen während der Unterrichtszeit vermieden und gleichzeitig ein reibungsloser Ablauf gewährleistet (Tipp 81)!

› Tipp 81

Übungs- und Arbeitsumfeld gestalten

84

Das Arbeiten und Üben ist besonders dann effektiv, wenn die Rahmenbedingungen, also das unmittelbare Übungs- und Arbeitsumfeld, so gestaltet sind, dass Lernen grundsätzlich überhaupt möglich ist.

Achtung!

Die Organisation des täglichen Arbeitsplatzes – ob zu Hause oder in der Schule – ist das A und O! Er sollte so gestaltet sein, dass ein problemloses Üben ohne zeitaufwändige Aufräumarbeiten jederzeit möglich ist.

Um die Ecke gedacht

Auch wenn der Sinn für Ordnung von Mensch zu Mensch unterschiedlich ist, sollte die Lehrkraft den Anspruch an ihre Schüler stellen, ein stets aufgeräumtes Arbeitsumfeld zu gewährleisten. Auch das ständige „Herumwuseln“ im Unterricht, weil Unterrichts- und Arbeitsmaterialien gesucht werden oder nicht bereitstehen, kann die Mitschüler extrem ablenken!

Rahmenbedingungen für erfolgsreiches Lernen

Um für das Üben und Arbeiten ideale Rahmenbedingungen zu schaffen, ist es notwendig,

- einen Lieblingsplatz für das Üben zu definieren,
- eine konzentrationsfördernde Atmosphäre durch das Entfernen aller Störfaktoren zu schaffen (Tipp 36),
- sinnvolle Ruhephasen einzuplanen, die den eigenen Übungsrhythmus unterstützen und
- für das eigene körperliche Wohl zu sorgen.

› Tipp 36

Gleich mal ausprobieren

In manchen Klassenräumen gibt es sogenannte „Kuschelecken" oder ein Sofa oder einen Sessel. Dieser Sessel kann – sofern er von den Schülern wirklich als gemütlich empfunden wird – als „Übesessel" für Stillarbeits- oder „Denkphasen" genutzt werden, in denen ein Schüler dann jedes Mal auf dem Sessel sitzen darf, wenn beispielsweise etwas auswendig gelernt werden muss.
Im gemeinsamen Unterricht fällt diese Methode schwer. Im offenen Unterricht kann es aber für Schüler ggf. auch mal ein Lockmittel für intensivere Übungsphasen sein – auf einmal kann das Üben oder Auswendiglernen sogar richtig Freude bereiten!

85 Übungsmotivation erzeugen

Häufig sind Übungsphasen bei Lehrern wie bei Schülern unbeliebt. Doch eine positive Grundeinstellung ist entscheidend für das Gelingen einer Übung (Tipp 4).

› Tipp 4

Zum Sozialmanagement gehört es, dass die Lehrkraft zur Wahrung einer angenehmen Lernatmosphäre jede Möglichkeit nutzt, die Schüler beim Üben zu motivieren. Denn wenn das Erzeugen einer angenehmen und produktiven Übungsatmosphäre zuerst vom Lehrer ausgeht, übernehmen die Schüler dieses Verhalten meistens aktiv, indem sie sich in ihrem sozialen Übungsumfeld gegenseitig unterstützen (Tipp 13).

› Tipp 13

Diese gegenseitige Unterstützung der Schüler zur Verbesserung der Übungsmotivation kann auf unterschiedliche Weise erfolgen:

- unerwartet auftretende Probleme benennen und gemeinsam lösen,
- individuelle Wünsche und Bedürfnisse berücksichtigen, aber nicht in den Vordergrund stellen,
- gemeinsame Interessen, Vorlieben und Werte formulieren und fixieren,
- Herausforderungen erkennen und als gemeinsame Chance zur Erweiterung der Kompetenzen sehen,
- motivationshemmende Gründe benennen und abbauen,
- gemeinsame Etappenziele für den Zeitraum der Zusammenarbeit formulieren (Tipp 86, 94).

Mehr Übungsmotivation durch gegenseitige Unterstützung

› Tipp 86, 94

Gleich mal ausprobieren

Im Fach Mathematik wurde das Multiplizieren von Dezimalzahlen nach der Einführung und einer ersten Übungsphase noch nicht von allen Schülern verstanden.

Die Schüler setzen sich maximal in Vierergruppen an einem Tisch zusammen, mit der Prämisse, dass mindestens ein Schüler als Experte und ein Schüler, der das Multiplizieren von Dezimalzahlen noch nicht verstanden hat, zur Gruppe gehören.

Der Arbeitsauftrag besteht darin, eine bestimmte Aufgabe (die von der Lehrkraft an die Tafel geschrieben wird) gemeinschaftlich zu lösen, sodass sie alle verstanden haben.

Ziel dieser kooperativen Arbeitsform ist es, dass Probleme, die beim Lösen der Aufgabe entstehen, ausgesprochen, ggf. aufgeschrieben und in der Gruppe gemeinsam diskutiert und gelöst werden. Weitere Fragen können ebenfalls aufgeschrieben und im Plenum besprochen werden.

Erst wenn dieses Ziel erreicht wurde, sollte an weiteren Aufgaben in anderen Sozialformen weitergeübt werden.

86 Absprachen verbindlich treffen

Ein Element des Sozialmanagements ist auch die „Verbindlichkeit“, die Schüler beim Üben miteinander bzw. untereinander zeigen.
Hier kommt es vor allem auf das Einhalten von Absprachen, aber auch von Regeln an.

Achtung!

Ein Beispiel aus der Praxis
Linda und Moritz vereinbaren mündlich, die Arbeitsaufträge im Fach Deutsch arbeitsteilig zu erledigen. Es wird abgesprochen, welcher Schüler sich mit welcher Aufgabe oder welchem Thema auseinandersetzt.
Zwei Tage später ist Linda mit ihrem Auftrag wie vereinbart fertig und will Moritz ihre erarbeiteten Aufgaben und Themen vorstellen. Dieser hat hingegen noch nichts vorzuweisen, weil ihm bisher die Zeit zur Bearbeitung fehlte.
Dieses Beispiel macht deutlich, dass Absprachen gewisse Verbindlichkeiten beinhalten sollten, um ähnliche Situationen vermeiden zu können, die mitunter für denjenigen, der sich als Einziger an die mündliche Abmachung hält, sehr frustrierend sein können.

Verbindliche Absprachen treffen

Damit Absprachen verbindlich werden, sollten sie folgendermaßen getroffen werden:

- Es sollte möglichst schriftlich (Bleistiftnotiz auf dem Aufgabenzettel reicht aus) festgehalten werden, welcher Schüler sich mit welcher Aufgabe bzw. welchem Thema beschäftigt.
- Es sollte ein Zeitplan verabredet und schriftlich festgehalten werden, aus dem hervorgeht, wann erste Ergebnisse vorliegen und besprochen werden (Tipp 94).
- Die Einhaltung der Vereinbarung sollte mit einer Geste (Händedruck, Unterschrift) oder Ähnlichem als verbindlich „besiegelt“ werden, damit beide Seiten sich an die Absprachen halten.

› Tipp 94

87

Beim Selbstmanagement geht es darum, sich der eigenen Persönlichkeit stärker bewusst zu werden, beispielsweise mithilfe der Analyse persönlicher Verhaltensweisen, Stärken und Schwächen, der eigenen Rolle und des Lerntyps. Ist man sich der jeweiligen Ausprägung dieser Eigenschaften bewusst, kann dieses Wissen gezielt für das eigene Üben, Wiederholen und Festigen eingesetzt werden, indem die Verhaltens- und Übungsmuster der individuellen Persönlichkeit angepasst werden.

Persönlichkeitsanalyse für angepasstes Üben

Mithilfe des Selbstmanagements kann der Schüler für sein eigenes Üben Verantwortung übernehmen und die nachfolgenden Aspekte unter Berücksichtigung seiner individuellen Möglichkeiten gezielt anwenden:

Selbstverantwortlich üben

- Formulieren individueller Ziele und Interessen für überschaubare Zeitspannen.
- Wiederholen und Einüben von neuem Wissen möglichst schnell nach der Wissensvermittlung.
- Gewöhnung an regelmäßiges Arbeiten.
- Einteilen des Übungspensums in überschaubare Teilaspekte und Abschnitte (Tipp 94).
- Effektives Nutzen der zur Verfügung stehenden Zeit, d. h., Zeitprobleme benennen, „Zeitfresser" beseitigen und Zeitersparnis suchen sowie eine ausgewogene Balance zwischen Freizeit und Arbeit herstellen.
- Verbessern der persönlichen Einstellung zum Üben durch Selbstmotivation wie Interesse, Spaß, Werte/Sinneinsicht, Wünsche und Bedürfnisse (Tipp 29).

› Tipp 94

› Tipp 29

Gleich mal ausprobieren

Unterstützen Sie Ihre Schüler bei ihrem Üben zu Hause, indem bereits in der Schule gemeinsam evaluiert wird, wo Zeitprobleme auftauchen und sich sogenannte „Zeitfresser" verbergen. Werden diese gezielt benannt, sind die Chancen größer, dass der Schüler die Übungssituation auch allein zu Hause erfolgreich bewältigen kann.

Unterrichtsstoff zusammenfassen

88

Durch das Management von Materialien und Medien kann der Unterrichtsstoff sinnvoll zusammengefasst werden, damit Übungsphasen möglichst kurz und effektiv und im Rahmen eines angemessenen Zeitmanagements durchgeführt werden können.

Möglichkeiten der thematischen Zusammenfassung bestehen darin,

- den zu lernenden Unterrichtsstoff schriftlich festzuhalten (Tipp 19, 55, 56) oder
- einzelne Themen oder Teilaspekte zwecks Verkürzung einzelner Übungsphasen zusammenzufassen.

› Tipp 19, 55, 56

Systhematisch zusammenfassen

Natürlich bleibt allein beim Abschreiben von Unterrichtsinhalten schon eine Menge im Kopf „hängen", aber das Geheimrezept ist das Zusammenfassen mithilfe einer bestimmten Systematik.
Im Laufe der Schulzeit sollten sich die Schüler mit bestimmten Strukturierungstechniken (Tipp 70–79), Techniken für das Gedächtnistraining (Tipp 40–46) und unterschiedlichen Übungsinstrumenten (Tipp 50–59) – je nach Intention – vertraut machen, um sich beim Management von Materialien solcher Techniken bedienen zu können.

› Tipp 70–79
› Tipp 40–46
› Tipp 50–59

Gleich mal ausprobieren

Bieten Sie den Schülern Schritt für Schritt unterschiedliche Methoden an, bis sich jeder ein eigenes Repertoire angeeignet hat, um dann gezielt entscheiden zu können, welche Technik in einer bestimmten Situation angemessen eingesetzt werden kann.

Schulfächer und Lernphasen planen

89

Das Management von Schulfächern und Lernphasen ermöglicht ein strukturiertes Planen von Übungsphasen. Dies bedeutet in der Praxis, dass z. B. auf die Reihenfolge der verschiedenen Übungspensen geachtet werden sollte.

Achtung!

Es ist nicht sinnvoll, ähnliche Fachinhalte nacheinander zu lernen. Nachdem man eine halbe Stunde englische Vokabeln gelernt hat, kann man nicht gleich hinterher französische Wörter lernen, denn ähnliche Fächer behindern sich gegenseitig.

Um die Ecke gedacht

Das Üben mit der „Holzhammermethode" kann sicherlich eine Möglichkeit sein, das anzueignende Wissen in den Kopf zu bekommen. Aber auch hier empfiehlt es sich – zugunsten einer höheren Aufnahmebereitschaft und effektiver Übungsphasen – die zu lernenden Unterrichtsinhalte sinnvoll durchzuplanen und zu strukturieren (Tipp 17).

› Tipp 17

Lernpensum überblicken

Das Management von Schulfächern und Lernphasen erfordert von den Schülern, einen Überblick über das gesamte Lernpensum zu haben, und stellt daher für einige Schüler eine große Herausforderung dar.

Gleich mal ausprobieren

Unterstützen Sie Ihre Schüler, indem beispielsweise Hausaufgaben- oder Übungshefte geführt werden, in denen das tägliche Lernpensum schriftlich festgehalten wird. Vor Ende des Schultages sollten Sie Ihren Schülern ungefähr fünf Minuten Zeit geben, um sich einen Überblick über das Lernpensum zu verschaffen, ggf. Materialien mit nach Hause zu nehmen und das Lernpensum zu strukturieren, beispielsweise mit Ziffern („to do-Liste": 1-x).

RITUALE ALS STRUKTURELEMENT NUTZEN

90

Der Begriff „Ritual“ ist in der pädagogischen Diskussion sicher ziemlich fragwürdig, aber „glaubwürdige Rituale“ können eine ganze Reihe von positiven Funktionen haben und das gesamte schulische Leben wie den Unterrichtsprozess strukturieren.

Übungsrituale sind weitestgehend standardisiert und stereotyp, d. h., sie laufen mehrmals täglich in immer gleicher Art und Weise ab. Sie bestehen aus immer wiederkehrenden und daher sofort verständlichen, verkürzten und ritualisierten Handlungen, die vielfach in symbolischen Andeutungen mit Aufforderungscharakter verdichtet sind.

Rituale wirken integrierend und verlässlich

Diese kurzen Rituale (zu Beginn oder Ende einer Stunde) wirken durch die Rhythmisierung des gemeinschaftlichen Lebens in der Klasse integrierend und geben damit eine verlässliche Orientierung für das Zusammenleben:

- Sie können die stets gefährdete „Machtbalance“ zwischen Lehrern und Schülern immer wieder stabilisieren: Indem sich die Schüler einem bestimmten Ritual beugen müssen, wird die Voraussetzung für Unterricht geschaffen oder das Ende des Unterrichts „eingeläutet“ (Tipp 49).
- Sie können eine klare Unterrichtsstruktur fördern; sie schaffen deutlich spürbare Eckpunkte für unterschiedlichste Unterrichtsphasen (Tipp 10).
- Von Schülern und Lehrer gemeinsam verabredete und aufgestellte „Spielregeln“ müssen konsequent eingehalten werden.

› Tipp 49
› Tipp 10

Achtung!

Die Übungsrituale müssen immer wieder auf ihre Sinnhaftigkeit überprüft und gegebenenfalls modifiziert werden. Überprüfen Sie Ihre Übungsrituale! Sind sie noch altersgerecht? Bringen sie den gegenseitigen Respekt zum Ausdruck?

91

Die folgende Grafik soll verdeutlichen, welcher qualitative und quantitative Stellenwert dem Übungsprozess in der Phasierung einer Unterrichtsstunde bzw. -einheit idealerweise beigemessen wird.

Zeitstruktur des Übens

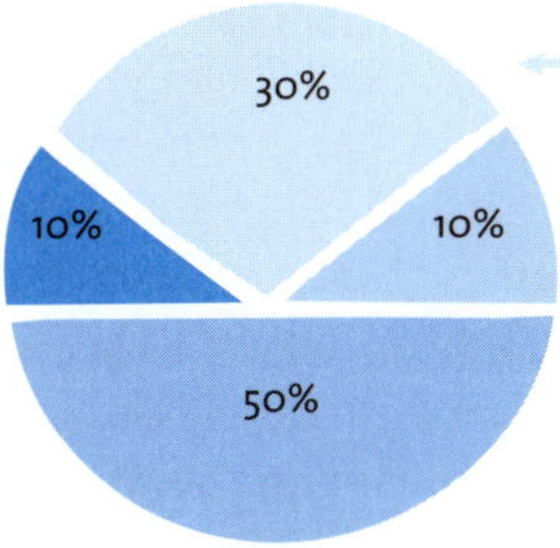

Zur Erläuterung:

- Die angegebenen Prozentzahlen sind nur Richtwerte.
- Die Grafik ist primär auf die klassische Frontalsituation abgestimmt, d. h., in dem als Einstiegsphase oder auch oft als „Informationsphase" beschriebenen Abschnitt der Stunde wird – im Regelfall vom Lehrer – ein neues Problem präsentiert und erläutert.
- Auf handlungsorientierten und/oder schülerzentrierten Unterricht kann dieses Modell nicht ohne weiteres übertragen werden.

Stoffmenge reduzieren

Auch wenn die Prozentzahlen nur Richtwerte darstellen, ist eines klar: Üben kostet viel Zeit, und da diese im Unterricht normalerweise ein knappes Gut ist, muss bei der Stoffmenge „gespart" werden, auch dann, wenn die Unterkante des durch das Schulcurriculum vorgegebenen Pensums schon fast erreicht ist. Es herrscht mittlerweile Einigkeit darüber, dass die Stoffmenge allein kein sinnvoller Indikator für den tatsächlich erreichten Lernerfolg ist. Ebenso wichtig sind die sorgfältig eingeübten instrumentellen und methodischen Kompetenzen der Schüler (Tipp 97).

› Tipp 97

Achtung!

Systematisch und strukturiert können diese Kompetenzen während des Unterrichtsprozesses aber nur unter bewusster Kontrolle durch den Lehrer aufgebaut werden. Daher müssen von vornherein Übungsphasen in die Planung und Phasierung des Unterrichts integriert werden (Tipp 7, 10).

› Tipp 7, 10

Grundsätzlich ist es wichtiger, dass der Stoff bei den Schülern ankommt, als dass Sie mit dem Stoff durchkommen. Zeigen Sie Mut zur Lücke!

Gleich mal ausprobieren

Entwickeln Sie eine Grafik für offene Unterrichtsformen. Welchen Stellenwert haben darin Übungsphasen? Wie sieht das Verhältnis von Übungsphase und Stoffmenge aus? Wo und wie lässt sich die Stofffülle so differenziert aufbereiten, dass alle Schüler zu einem Thema arbeiten und üben können? Lernlandkarten sind z. B. ein alltagstaugliches Instrument für die Umsetzung im Unterricht.

Hausaufgabe: Üben

92

Die sehr verschiedenen Formen von Hausaufgaben stimmen darin überein, dass sie eine selbstständig anzufertigende Alleinarbeit außerhalb der Unterrichtszeit darstellen – mit dem Ziel, Wissen und Können

Ziel von Hausaufgaben

- zu festigen,
- zu erweitern und zu systematisieren,
- situativ und beispielhaft zu übertragen,
- als Hinführung auf den neu zu behandelnden Stoff zu benutzen.

Der Erfolg von Hausaufgaben stellt sich nicht von selbst ein. Er ist abhängig von der Aufgabenstellung (Tipp 34) und den individuellen Lernvoraussetzungen des Schülers.

› Tipp 34

Gleich mal ausprobieren

Drei Formen von Hausaufgaben:
1. Stellen Sie in der nächsten Fachstunde differenzierte Hausaufgaben – nicht eine Hausaufgabe für alle Schüler einer Lerngruppe.
2. Es gibt auch die Möglichkeit, Hausaufgaben durch Arbeitspläne begleitend zum Unterricht zu stellen – so kann jeder Schüler dann üben, wenn er es für effektiv und sinnvoll erachtet (Tipp 93, 94).
3. Hausaufgaben können organisch mit den in der Schule erlernten Methodenkompetenzen verknüpft werden. Dies führt dazu, dass die Schüler autodidaktisch Übungs- und Methodenkompetenzen erwerben.

› Tipp 93, 94

Achtung!

Hausaufgaben sollten nicht dazu dienen, didaktische und methodische Defizite des Lehrers zu kompensieren. Daher niemals die Hausaufgabe für das nutzen, was man als Lehrer im Unterricht nicht geschafft hat, weil man es nicht erklären konnte oder weil die Zeit für andere Probleme gebraucht wurde!

Wenn Hausaufgaben gemäß einem umfassenden Übungscurriculum (Tipp 7) einen Sinn haben sollen, müssen sie nach folgenden Kriterien gestellt werden:

› Tipp 7

Kriterien für sinnvolle Hausaufgaben

- individuelle Anpassung an die Lernvoraussetzungen der Schüler,
- unterschiedliche Schwierigkeitsgrade für unterschiedliche Lerntypen und Leistungsvoraussetzungen,
- Vielfalt von Differenzierungs- und Wahlmöglichkeiten, um Konzentration und Eigenverantwortung zu fördern,
- konsequente, regelmäßige inhaltliche und formale Kontrolle der Hausaufgaben.

Schüler sollen selbstständig arbeiten

Als Lehrkraft sollte man die Möglichkeit nutzen, individuelle Lernvoraussetzungen zu berücksichtigen und auf die Stärken und Schwächen der einzelnen Schüler einzugehen, um Über- oder Unterforderungen zu vermeiden. Das Hauptziel derartig gestellter Aufgaben wäre dann die Gewöhnung der Schüler an das eigen- und selbstständige Arbeiten ohne unmittelbare Kontrolle durch den Lehrer. Das hätte zur Folge, dass die Schüler individuelle Lern- und Übungsstrategien entwickeln könnten (Tipp 87).

› Tipp 87

Um die Ecke gedacht

Hausaufgaben haben nicht nur positive Auswirkungen. Sie können auch zum schnellen Abschreiben von anderen verführen, zu vielerlei Ausreden über das Nichtzustandekommen, zum Erfinden von Notlügen, zu Ängsten und nicht zuletzt zu Stress zu Hause, wenn die Eltern streng auf ihre Erledigung achten.

Im Schulstundentakt üben

93

Übungsstunden einführen

Um kontinuierliche und sinnvolle Übungsstunden zu institutionalisieren, ist es in aller Regel notwendig, die Stundentafel so umzugestalten, dass mindestens eine Stunde pro Schultag als Übungsstunde ausgewiesen ist.
Wenn die Stundentafel für die Klasse oder den Jahrgang diese zusätzlich benötigte Stunde aus irgendwelchen Gründen nicht bereithält, weil z. B. andere Fördermaßnahmen die ausgewiesenen Stunden schon in Anspruch nehmen, ist es erfahrungsgemäß durchaus möglich, in Absprache mit den anderen Kollegen der Klasse oder des Jahrgangs den einzelnen Fächern Übungsstunden „abzutrotzen".
So können sich beispielsweise diejenigen Kollegen, die in der Klasse die Langfächer unterrichten, darauf einigen, dass jedes Fach eine Wochenstunde in den gemeinsamen „Übungspool" abgibt. Dies bedarf allerdings dann, wenn dieses Verfahren an einer Schule noch unüblich ist, einer gewissen Überredungskunst und Beharrlichkeit desjenigen, der diese Regelung initiieren möchte.

SOS-Tipp

Der für gewöhnlich bestehende erhöhte Übungs- und Trainingsbedarf der Schüler – unbedingt erforderlich für die fachliche Qualifikation – ist ein gutes und stets wahres Argument, um Stunden für den „Übungspool" zu „sammeln".

Gleich mal ausprobieren

Viele Schulen nutzen diese Übungsstunden hauptsächlich in Form von Arbeit mit Plänen (Tipp 94) – daneben tritt die Freiarbeit.

› Tipp 94

Verabreden Sie mit einem Kollegen Ihrer Schule, wie die Arbeit mit einem Plan strukturiert und realisiert werden kann. Im Regelfall arbeiten und üben die Schüler mit differenzierten Arbeitsplänen, die für einen ganz bestimmten und periodischen Zeitraum (im Regelfall eine Woche) das Übungspensum festlegen.

Mit Arbeitsplänen üben

94

Innerhalb eines verbindlichen Zeitrahmens wird das zu erledigende Übungspensum der Schüler in differenzierten Plänen festgelegt. Die Inhalte der Pläne stehen einerseits in engem Zusammenhang zum Fachunterricht, fördern andererseits aber auch spezielle Begabungen oder beheben Lerndefizite der Schüler.

Übungspensum in Plänen festlegen

Mit zunehmender Gewöhnung der Schüler an diese Form der schulischen Übungen können die Pläne auch mehr und mehr von ihnen selbst erstellt werden.

Gleich mal ausprobieren

Es gibt verschiedene Vorgehensweisen zur Vorbereitung und Gestaltung dieser Übungsstunden:

- Der jeweilige Fachlehrer bereitet die Übungsmaterialien und Medien vor und legt die Aufgabenstellungen fest.

- Der Lehrer erstellt gemeinsam mit den Schülern einen Arbeitsplan für die Übungsstunden.
- Die Schüler wissen selbst sehr genau, in welchen Fächern und auf welchen Ebenen sie Übungsbedarf haben. Sie entwickeln individuelle Arbeitspläne.

Durch die Festlegung von Pflicht- und Wahlaufgaben sind die Arbeitsbereiche klar eingegrenzt, durch unterschiedliche Schwierigkeitsgrade der Aufgaben sind zusätzliche Wahlmöglichkeiten gegeben. Ziele der Planarbeit sind:

Ziele der Planarbeit

- die eigenständige Aneignung von Sach- und Fachwissen,
- der Aufbau einer stabilen Arbeitshaltung,
- die Vermittlung von Methodenkompetenz (Tipp 97),
- die Entwicklung individueller Übungsstrategien.

› Tipp 97

In den sogenannten „Arbeitsplanstunden" steht der Lehrer den Schülern als „Übungsleiter" mit Rat und Tat zur Seite, d. h., er fungiert innerhalb des durch den Plan vorgegebenen Lernarrangements als fakultativer Berater (Tipp 31).

› Tipp 31

Achtung!

Alle gestellten Aufgaben sollten auch eine Selbstkontrolle (Tipp 39) ermöglichen, so hat der Lehrer in seiner Rolle als Beobachter und Berater die Chance, einzelne Schüler individuell zu betreuen.

› Tipp 39

ÜBUNGSPARCOURS EINRICHTEN

95

Hinter der Idee des Übungsparcours stecken Lernarrangements und -situationen, die in den letzten Jahrzehnten ausprobiert und institutionalisiert worden sind: die Lerntheke, die Lernwerkstatt und das Stationenlernen. Der Übungsparcours funktionalisiert die Elemente dieser Lernformen mit Blick auf ein konsistentes Übungscurriculum (Tipp 7, 96) an der Schule.

› Tipp 7, 96

Der Lern- und Übungsparcours auf dem Jahrgangsflur

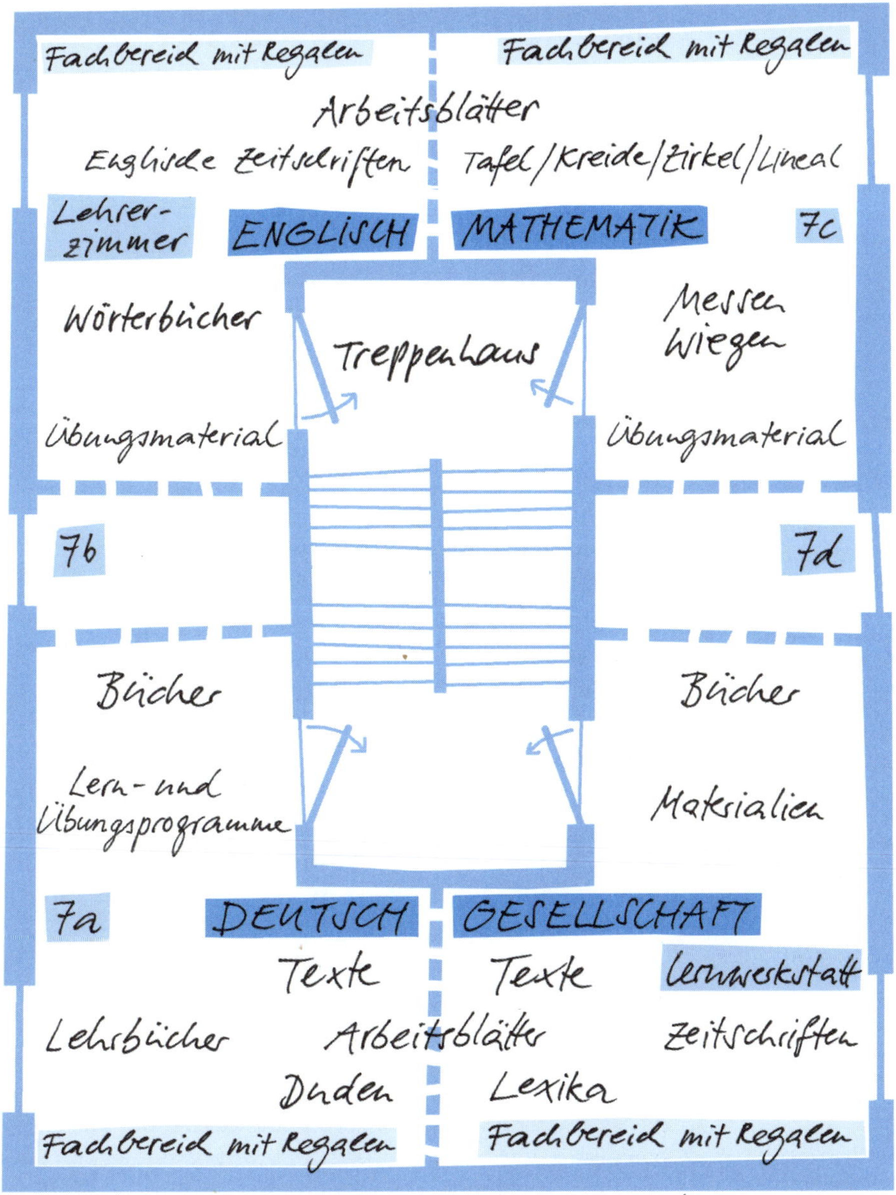

Zuständig sind die Fachlehrer und „Mathe-", „Deutsch-", „Englischhelfer"

Ein Übungsparcours ist mit einer erweiterten Bibliothek vergleichbar: Nachschlagewerke, Lexika, Atlanten, Computer, Lernprogramme, Arbeitsblätter, alternative Lehrbücher, Wörterbücher, Modelle, beispielhafte Versuchsaufbauten, Versuchsanleitungen zum Nachbau usw. – immer entsprechend der zu behandelnden Themen im Jahrgang.
Die Vorbereitung eines Parcours ist arbeitsintensiv, denn die Materialien müssen eventuell erstellt (falls keine fertigen vorhanden sind) oder organisiert, aufbereitet und bereitgestellt werden. Gemeinsam mit den Kollegen eines Jahrgangs lässt sich diese Aufgabe gut bewältigen.

Gleich mal ausprobieren

Ein Vorschlag zur Arbeit auf dem Parcours: Stehpulte – sie nehmen wenig Platz ein, bieten aber viel Platz zum Schreiben und Arbeiten.
Aber: Fluchtwege und Brandschutzbestimmungen müssen eingehalten werden. Eigentlich müssen Flure frei sein, aber in Absprache mit dem Schulleiter und dem Hausmeister lassen sich so manche Arrangements finden und vereinbaren.
Übungsparcours eignen sich nicht nur für Übungsphasen, sondern sind auch für manche Fachstunde eine Fundgrube.

SOS-Tipp

› Tipp 36, 86

Stellt die Lautstärke während der offenen Arbeitsphasen ein Problem dar, lässt sich dies dadurch lösen, dass man gemeinsam mit den Schülern das „arbeitsame" Flüstern probt und vereinbart, d.h., es müssen Regeln zur Benutzung des Parcours verabredet und eingehalten werden (Tipp 36, 86).

Besonders beliebt ist der Übungsparcours auch dann, wenn kurzfristig Unterricht ausfällt und eine Klasse oder Lerngruppe beaufsichtigt werden muss: In der Regel ist die aufsichtsführende Person nicht auf die Vertretungsstunde vorbereitet und kann den Übungsparcours als sinnvollen Unterrichtsersatz nutzen.

96

„Durch Üben werden gedankliche und motorische Abläufe automatisiert."

Unterricht ist nur dann erfolgreich und effektiv, wenn die anvisierten Ziele durch Üben und Anwenden abgesichert werden.

Nur regelmäßiges Üben garantiert Lernerfolg, macht Lernen nützlich, Wissen verfügbar, Fertigkeiten anwendbar, steigert und vervollkommnet Leistungen.

Erfolg durch regelmäßiges Üben

Um die Ecke gedacht

Lesen ist eine der grundlegenden Techniken unseres Lebens – Lesen ist nicht vom Lernen zu trennen, denn wir erarbeiten uns große Teile unseres Wissens durch Lesen. Daher sollte es durch strukturierte, aufeinander aufbauende, systematische Übungen regelmäßig trainiert werden. Das Gleiche gilt für das Schreiben und Rechnen.

Wissenslücken beheben sich leider nicht von selbst. Wenn eine Wissenschaft einen streng logischen Aufbau hat, wie z. B. die Mathematik, dann potenzieren sich mangelnde Kenntnisse und fehlendes Verständnis mit der Zeit.

Wissenslücken vorbeugen

Diese Probleme entstehen durch den Schul- und Leistungsstress der Schüler, durch Stoff-Fülle in den Schulcurricula, durch Zeitnot, durch Defizite der Schulen sowohl in der Ausstattung als auch in der Lehrerversorgung und durch fehlende Übungen im Unterricht.

Üben außerhalb des Unterrichts geschieht häufig mithilfe der Hausaufgaben (Tipp 92) (Wiederholung des Unterrichtsstoffes, Nacharbeiten der Fachinhalte) – vielfach ist es ein Pseudoüben (Tipp 5). Wie es richtig geht, was zu beachten ist, welche Regeln eingehalten werden müssen und wie kontrolliert wird, das wissen die Schüler meistens nicht, aber der Lehrer geht ganz einfach davon aus, dass die Schüler diesen Bereich schon beherrschen.

› Tipp 92
› Tipp 5

Gleich mal ausprobieren

Entwickeln Sie gemeinsam mit Ihren Schülern ein „Übungscurriculum" (so wie es auch ein Methodencurriculum an Ihrer Schule gibt) (Tipp 7). Präsentieren Sie es Ihren Kollegen und finden Sie Gemeinsamkeiten für die ganze Schule.

› Tipp 7

97 Übungskompetenz erwerben

Wenn Üben eine Methode ist, dann muss es möglich sein, Übungskompetenz zu erwerben – ebenso wie Methodenkompetenz.

Schüler müssen bestimmte Übungstechniken bewusst im Unterricht lernen, damit sie in die Lage versetzt werden, individuelle Übungsstrategien für sich zu entwickeln. Bestimmte Übungstechniken eignen sich für manche Schüler besser als andere, um bestimmte Dinge zu behalten und sie mit schon vorhandenem Wissen zu vernetzen. Daher sollten Schüler in der Schule die Möglichkeit haben, zahlreiche Übungstechniken und -instrumente kennenzulernen (Tipp 12, 27, 50).

› Tipp 12, 27, 50

Unterschiedliche Übungstechniken erlernen

Beim Aufbau von Methodenkompetenz sollten die Schüler die Übungstechniken erlernen, die sie benötigen, um z. B. ihre Hausaufgaben, die Vorbereitung eines Referates, das Lernen der Vokabeln, die Anwendung der mathematischen Formeln usw. selbstständig erledigen zu können. Dafür benötigen sie einerseits Techniken, die das neue Wissen mit dem alten vernetzen (kognitiv) (Tipp 21) und andererseits Methoden, die sie das Fachwissen nicht so schnell wieder vergessen lassen (Tipp 8).

› Tipp 21
› Tipp 8

Achtung!

Diese Techniken darf man nicht nur einmal kennenlernen, sondern sie müssen als Curriculum regelmäßig wiederholt bzw. eingesetzt werden; sie müssen regelmäßig geübt werden, damit sie als Methodenwissen übernommen werden können.

Gleich mal ausprobieren

Lesen Sie die Aussage eines ehemaligen Schülers, der sich für sein Examen große Mengen von Fachwissen aneignen musste, und trainieren Sie die beschriebene Vorgehensweise Schritt für Schritt mit Ihren Schülern, bis diese sie selbstständig und am besten automatisch anwenden:
„Ist doch ganz einfach, ich lese mir den Text einmal diagonal durch, dann weiß ich, worum es geht. Dann lese ich ihn gründlich – Zeile für Zeile – und unterstreiche die wichtigsten Passagen. Dann lege ich das Buch zur Seite und fertige eine Mindmap an, um zu sehen, ob ich auch alles verstanden habe.“ (Tipp 64, 65, 71)

› Tipp 64, 65, 71

98 Schülerfirma gründen

Das Wesen von Schülerfirmen

Grundsätzlich gilt für „Schülerfirmen“ laut BLK-Programm „21“ („Bildung für eine Nachhaltige Entwicklung“) – Auszug aus dem Ergebnisprotokoll vom 21.09.2000 in Hannover:

- Die beteiligten „Schülerfirmen“ verfolgen in erster Linie eine pädagogische Zielsetzung, sie dienen nicht primär der Geldmittelbeschaffung für Schule, Förderverein o.Ä.
- Ökologische und soziale Fragestellungen und Lernprozesse haben im Kontext dieser Schülerfirmen einen besonderen Stellenwert. Ein Ziel könnte sein, dass alle beteiligten Schülerfirmen sich einem vereinfachten Öko-Audit unterziehen und sich „zertifizieren“ lassen.
- Die Arbeit der „Schülerfirmen“ ist im schulischen Unterricht (Fachunterricht, Wahlpflichtkurse, Arbeitsgemeinschaften) verankert und wird als schulische Veranstaltung von Lehrkräften betreut. Die Förderung selbstständigen Lernens steht dabei ausdrücklich im Vordergrund.
- Die Schulleitung genehmigt die Einrichtung und Arbeit der „Schülerfirma“.
- Der Schulträger stimmt der Nutzung der Sachmittelausstattung zu.

- Die Erziehungsberechtigten stimmen bei noch nicht volljährigen Schülern deren Mitwirkung zu.
- Die Geringfügigkeitsgrenzen bei Umsatz und Gewinn sollten möglichst eingehalten werden.
- Durch aktive Kontaktaufnahme und Partnersuche im lokalen Umfeld (Tipp 99), sollten mögliche Probleme bereits im Vorfeld minimiert werden.

› Tipp 99

Gleich mal ausprobieren

Mit einer Schülerfirma „Nachhilfe" ist es möglich, gleich „zwei Fliegen mit einer Klappe zu schlagen": Zum einen lernen die Schüler wirtschaftliche Aspekte kennen – das Leiten einer Firma – und zum anderen können die älteren Schüler mit den jüngeren Schülern gemeinsam üben. So können sich Wissen und Fähigkeiten auf beiden Seiten entwickeln und festigen (Tipp 29).

› Tipp 29

Das Konzept für „effektive Nachhilfe" lässt sich gemeinsam mit den Schülern entwickeln. Wenn keine zu hohen Preise veranschlagt werden, kann der Gewinn der Schule zugutekommen.

99 Schüler leisten „Nachbarschaftshilfe"

Einen interessanten Ansatz für eine Weiterentwicklung von Schule im Sinne einer „Intelligenten Übungsschule" gibt es in den Niederlanden. Die „Stadtteilschule" könnte auf verschiedenen Ebenen eine direkte Verbindung von Schule und Stadtteil (Nachbarschaft) schaffen und auf diese Weise für beiderseitiges Verständnis und ein harmonisches Miteinander sorgen:

Soziale Ebene

Soziale Ebene
- Nachbarschaftshilfe,
- Einladungen zum Schulfest/Schultheater,
- Hilfsangebote zum Umgang mit Computer und Internet,
- Krankenpflege.

Wirtschaftliche Ebene (Schülerfirma)

- Sozialtag z. B. bei der Gartenhilfe, dem Haushalt, den Reparaturen,
- Entrümpelungs- und Flohmarktdienst,
- Einkaufshilfen und Gepäckdienst,
- Transportfirma,
- Nachhilfefirma (Tipp 98).

Wirtschaftliche Ebene

› Tipp 98

Nachbarschaftliche Ebene

- Nachbarn als Zeitzeugen,
- Nachbarn (Handwerker, Kaufleute usw.) als Experten im Schulalltag,
- gemeinsame Projekte mit den Nachbarn (z. B. Nistkästen für unser Viertel),
- Nachbarn zur Hausaufgabenbetreuung – Schüler als Babysitter,
- Gemeinsamer Frühjahrsputz.

Nachbarschaftliche Ebene

Ganztagsschulen bieten mit ihrem erweiterten Zeitrahmen die Möglichkeit der Zusammenarbeit mit außerschulischen Institutionen wie z. B. mit Alten- und Pflegeheimen, Firmen, Sportvereinen oder auch Schrebergartenvereinen. So entsteht „Lernen vor Ort" in Stadt, Umgebung und Wald durch Erkundungen, Besichtigungen vor Ort, kleinere Forschungsaufträge, Praktika usw.

Gleich mal ausprobieren

1. Eine Klasse bietet ihre Mithilfe in einem Alten- und Pflegeheim an. Dabei werden den Schülern viele Probleme und Schwierigkeiten deutlich, wie z. B. dass das Schieben eines Rollstuhls gar nicht so einfach ist. Also machen die Schüler unter Anleitung der Heimleitung einen „Rollstuhlführerschein". Dadurch werden für viele ältere Menschen in diesem Heim Spaziergänge in die nähere Umgebung möglich. Aber auch Tätigkeiten wie Vorlesen aus der Zeitung, Spiele spielen, gemeinsame Unterhaltungen mit Erzählungen von Gestern und Fragen der Schüler können die Beziehungen intensivieren.

2. Die Möglichkeit einer Zusammenarbeit mit einem Schrebergartenverein ergibt sich über die Pacht einer Parzelle (mithilfe des Schulelternvereins, des Fördervereins einer Schule). Dadurch entwickelt sich ein Bereich, der von der Schule (und ihren Schulgärten, die oftmals einen traurigen Anblick bieten) räumlich getrennt und eigenständig ist. Eine entsprechende Arbeitsgemeinschaft oder ein Wahlpflichtkurs (mit Unterstützung der Eltern) schafft sich hier ein Refugium mit selbst gebauter Hütte, Nutzgarten (Gemüse), Ziergarten (Rasen, Blumen) und zahlreichen durchführbaren Experimenten vor Ort in eigener Verantwortung.

Literaturhinweise

Fischer, Margret/Michael, Berthold (1973) (Hrsg.): Differenzierung im Schulunterricht, Beltz Verlag: Weinheim und Basel.

Jank, Werner/Meyer, Hilbert (2002): Didaktische Modelle, Cornelsen Verlag Scriptor: Berlin.

Meyer, Hilbert (1988): Unterrichtsmethoden, 2 Bde., Cornelsen Verlag Scriptor: Frankfurt.

Meyer, Hilbert (2004): Was ist guter Unterricht?, Cornelsen Verlag Scriptor: Berlin.

RRL Politik, Sek. II, Niedersachsen.

Willmann, Otto/Roloff, Ernst (1913) (Hrsg.): Lexikon der Pädagogik, 5 Bde., Herder Verlag: Freiburg/Breisgau.

Register

(Die Verweise beziehen sich auf die jeweiligen Tipp-Nummern.)